奸詐世代

古人的權

現代職場

殷仲桓，趙建 —— 編著

目錄

目錄

第五章　慎為先——小心駛得萬年船

目錄

目錄

序言

「在官時只說閒，得閒也又思官，直到教人做樣看。從前的試觀，哪一個不遇災難？楚大夫行吟澤畔，伍將軍血汙衣冠，烏江岸消磨了好漢，咸陽市乾休了丞相。這幾個百般，要安，不安，怎如俺五柳莊逍遙散誕？」

——〈嘆世．沽美酒兼太平令〉元．張養浩

古代官場向來是殘酷且黑暗的存在，在那裡，看似風平浪靜，實則波濤洶湧，到處充斥著鉤心鬥角、爾虞我詐、你死我活，人們無不戰戰兢兢，如履薄冰。要想在其中生存，必須深刻領悟遊戲規則。所謂規則是種制度，而潛規則是種遊戲。遵守制度的人，只能被人擺布，而讀懂遊戲規則的人才能在官場中遊刃有餘，甚至能領導別人。

中國歷史中的官文化可謂博大精深，潛規則也五花八門，但仍是有規律可循的，因此我們從歷代官宦的權謀競爭中提煉出他們的生存之道，進而將

序言

其中隱藏的潛規則展現給讀者，以供借鑑或警示。

儘管歷史長河奔騰不息，但人在社會中所處的地位和社會功能一直未變，只是人與人之間的交往卻越來越複雜。借古鑑今，只是為了更好地生存下去，能在競爭日益激烈的社會中立於不敗之地。這不僅是指官場，也包括職場、商場，乃至日常生活中的人際交往。

本書的史例選取詳實豐富，論述評議則猶如畫龍點睛，一針見血，一定能讓廣大讀者收益頗豐。

第一章　謀長遠——提前築牆保平安

杯酒釋兵權，穩定數百年
——宋太祖趙匡胤的集權之道

作為文人，恨不生在宋朝；作為飲士，慶幸沒有生在宋朝。酒局的故事至今流傳，千年之後的人們還在回味那場精彩的杯酒釋兵權。

北宋的開國皇帝宋太祖趙匡胤，為結束長久的藩鎮割據局面並鞏固自己的權力，採取一系列加強中央集權的措施，「杯酒釋兵權」便是其中一個重要的策略。

唐末，藩鎮割據，各地節度使專權，擁兵而上抗命朝廷，朝廷對節度使的叛服無常束手無策，導致「國擅於將」的局面。唐代宗以後，又出現了節度使由士卒擁立的情況，而且愈演愈烈，又形成了「將擅於兵」的局面。趙匡胤就是用這種伎倆，乘後周主幼國疑之機，以軍卒擁戴的形式發動陳橋兵變，自立為帝，建立宋朝的。

在這樣動盪的時代與風氣下，擔心麾下軍卒重施故技，哪天也演一齣黃袍加身自立政權的戲碼，便成了宋太祖趙匡胤夜不成寐的一塊心病。趙匡胤即位後，在誅滅了李筠、李重進叛亂後不久，即召謀臣趙普問計。趙匡胤說：天下自唐季以來，數十年間，帝王凡易十姓，兵革不息，蒼生塗地，其故何也？吾欲息天下之兵，為國家建長久之計，其道何如？」

趙普回答說：「陛下之言及此，天地神人之福也。唐季以來，戰鬭不息，國家不安者，其故非他，節鎮太重，君弱臣強而已矣。今所以治之，無他奇巧也，惟稍奪其權，制其錢穀，收其精兵，則天下自安矣。」

話還沒說完，趙匡胤就已心領神會，連忙打斷趙普的話，說：「卿勿復言，吾已喻矣。」唯恐被身邊的人洩漏出去。

不久，宋太祖即開始動手收奪那些有擁戴之功的舊部的兵權。一日，宋太祖藉晚朝的機會，請石守信、王審琦等人飲酒。三巡以後，宋太祖屏退左右之人，對這些故人說：「我沒有你們的鼎力相助，也當不了皇帝，我會永遠感念你們的恩德。可是做天子也太艱難了，還不如做節度使快樂。」

石守信等人不明就裡，忙問為什麼。趙匡胤便接著說：「這不難知道，試問在座諸位，有誰不願意做天子？」這在當時無疑是非常敏感的話題，如果有誰沾上了謀反的邊，被誅滅九族那是跑不了的。石守信等人聽了趙匡胤這番話，大驚失色，連忙向趙匡胤叩頭說：「陛下為什麼說出這樣的話來？現在天命已定，誰還敢懷有野心，想做天子？」

趙匡胤說：「你們說得不對。你們雖然沒有野心，但你們手下的人難道不會貪圖富貴嗎？一旦你們也被黃袍加身，你們雖然不願意做皇帝，但這可能嗎？你們難道已經忘了我是怎樣被你們擁戴當皇帝的嗎？」

石守信等人這才恍然大悟，完全明白了皇帝是在擔心他們擁兵自重。他們連忙向趙匡胤叩頭，並哭著說：「我們很愚笨，沒有考慮到這些事，請陛下可憐我們，為我們指條活路吧。」趙匡胤見他的一席話已經震懾住了石守信等人，便真心地勸他們說：「人生好比白駒過隙，飛逝而過，所好者也無非富貴，不過想多積錢財，娛樂自己，遺福子孫。你們何不釋去兵權，出外當個地方官，再多買些良田美宅，多置些歌妓美女，日夜宴飲，以終天年。我再與你們結成兒女親家，這樣一來，君臣相安，兩無犯忌，該是多好的事啊！」

石守信、高懷德、王審琦、張令鐸、趙彥徽等人見趙匡胤把話說得如此明白，絕無轉圜的餘地，且趙匡胤當時在禁軍中的地位還不可動搖，就都只好在第二天上表稱病，乞求解除兵權。趙匡胤一見大喜，立即批准了他們的請求。這就是歷史上著名的「杯酒釋兵權」。

杯酒釋了兵權，趙匡胤還沒完全放下心。他知道，地方的節度使權力還十分龐大，唐朝藩鎮割據最終滅國，就是個教訓。西元九六九年，王彥超等幾個老節度使進京朝見皇上，趙匡胤又在酒席之間對他們說：「你們是國家的元老重臣，長久在外，擔負的責任很重，公務太繁忙了，我實在對不起你們，無法優待你們這些老臣。」

有了石守信等人的前車之鑑，王彥超又哪能不懂趙匡胤的意思，於是連忙說：「我本就沒什麼功勞，卻受到陛下恩寵。現在年紀大了，該回家養老了，請陛下恩准。」有兩個節度使不識時務，還要誇耀自己的功勞，趙匡胤冷冷地回答他們：「從前那些事，還提它幹什麼？」第二天，趙匡胤客客氣氣地把王彥超送回家養老，而那兩個誇功的，被罷免了節度使。趙匡胤找了兩個閒散的官職讓他們當，留在京城居住，實際上被嚴嚴地看管住了。

至此，趙匡胤收回兵權的計畫成功，宋王朝也自此開啟了「尊儒隆文」的序幕。

潛規則解讀

在古代，弱肉強食的叢林法則向來有效，拳頭就是真理。宋朝在這方面的表現在歷史上提供了一個非常特殊的範例，或者說是負面教材。若論政治穩定、經濟繁榮，宋朝遠勝秦漢，甚至與盛唐相比也不相上下。然而宋朝的軍事實力卻不敢恭維，屢屢被起步於荒漠的草原民族遼、西夏、金、蒙古所擊敗。這種國富兵弱的國家格局，最後終於導致了宋朝的滅亡。可見，生存都保證不了，一切都是白搭。

所有後果，都可以說是起始於趙匡胤的杯酒釋兵權。這一場酒局，雖然政治影響力極大，但它的負面作用也不小。

不管陽謀還是陰謀，只要能勝就是好謀
——晏子耍陰招「二桃殺三士」

封建社會的官場角逐宏觀一點來看就是陰謀詭計的競賽。陰謀詭計並不是奸臣賊子的專利，很多忠臣對此也用的極為純熟。他們所共同奉行的遊戲規則是：「不管陽

謀還是陰謀，只要能勝就是好謀。」

晏嬰（西元前五七八至前五〇〇年），字仲，即後世所說的晏子，齊國夷維（今山東高密）人，出身齊大夫之家，為春秋戰國時出色的諫臣和外交家。

晏子在齊國可以說是大名鼎鼎，這個其貌不揚、身材矮小的宰相才智非凡，他不僅為後人留下了一部《晏子春秋》，還因善於勸諫齊王而名垂千古。他屢次出使外國，皆能不辱使命，為國揚威，稱得上賢相。但就是這麼一位賢臣為了齊國的長治久安，也為了自己的官位坐得更牢固，也是要一些陰謀詭計的，最典型的一例自然就是著名的「二桃殺三士了」。

當時，齊國有田開疆、古治子、公孫接三個勇士，他們以勇猛無敵而聞名於齊國，被人們稱為「三勇士」，很受齊國國君齊景公的寵愛。這三人因為英雄相惜而結為異姓兄弟，又自詡為「齊國三傑」。他們自恃有功，橫行霸道，目中無人。有一次，已任齊國宰相的晏子在路上與之相遇，他們連個招呼也不打，甚為傲慢。甚至在齊景公面前，他們也以「你我」相稱，不用敬詞。無禮到這種地步，景公內心自然不悅。這時，奸臣陳無宇等正在陰謀篡位奪權，見此三人威猛無比，又頭腦簡單，便設法收買，以見機行事，圖謀篡亂。

晏子深知如果讓這種惡勢力日益擴大，必成後患，便乘機對齊景公說：「我認為賢明君主手下的將官，應該明白君臣的禮節，懂得上下的規矩。這樣，在國內才可以禁住暴亂，對外可以阻擋敵人。上面給他獎賞，下面也服氣。可如今公孫接、田開疆、古冶子三人，對上不講君臣禮儀，對下沒有尊長之德，對內不能用來禁止暴虐，對外不能用以拒敵，因而，他們實在是危害國家安全之人，不如趁早除掉。」齊景公也早已對這三人深為痛恨，只是忌憚於三人功勳卓著，在齊國國內素有威名，如果貿然懲治，很可能會失去民心，因此才不敢治其罪，這時晏子正好來勸諫，他就順水推舟，全權交給晏子處理。

過了一段時間，魯國國君魯昭公到齊國訪問，齊景公想趁此機會發動外交攻勢，讓魯國脫離和晉國的聯盟而結盟齊國，所以，齊景公隆重地接待了魯昭公。在宴會上，魯昭公讓叔孫昭子做相禮，齊景公就讓晏子做相禮。在齊景公的下面，站著三個鐵塔般的勇士，正是「齊國三傑」

晏子一直在尋找除掉這三人的機會，此時他計上心來，走上前去對景公說：「主公種了幾棵稀有的桃樹，今年該結桃子了，我想去看看，摘幾個桃子來給二位君主嘗嘗鮮，不知可否？」景公同意了，晏子就請求自己去摘桃子。

晏子只摘來了六個桃子，對景公說：「桃子未熟，只此幾個。」並行酒令，把桃子獻到魯昭公和齊景公的面前說：「桃大如斗，天下稀有，君王吃了，千秋同壽。」魯昭公和齊景公一人吃了一個。晏子和叔孫昭子相互稱讚，都說對方輔佐君主有功，也各吃了一個。這樣，就只剩下了兩個桃子。晏子對齊景公說：「現在還剩下兩個桃子，我想不如讓下面的大臣各說自己的功勞，誰的功勞大誰就吃桃子。」齊景公同意了，晏子就傳下令去，讓下面侍立的大臣各表功勞。

站在齊景公近處的三勇士性子最急，其中公孫接先走出一步說：「從前，我陪主公在桐山打獵時，衝出了一隻老虎，直向主公撲來，是我打死了老虎，救了主公的命，這個功勞不算小吧！」晏子說：「你救了主公的命，確實功勞不小，應該吃一個桃子。」晏子就請景公賞了他一個桃子，一杯酒，公孫接拜謝退下。

這時古治子上前一步說道：「打死老虎算什麼，我跟主公渡黃河的時候，一頭大鱷魚咬住了主公的馬，是我和那鱷魚拼死搏鬥，殺死了鱷魚，才救了主公的馬。」齊景公插言說：「要不是古治子，別說我的馬，就是我的命也保不住了。」晏子一聽，忙讓齊景公賞給古治子一個桃子和一杯酒。古治子喝了酒，吃了桃子，拜謝而退。

另一位勇士田開疆一看兩個桃子被前兩個人吃光了，氣得大聲叫喊：「打死老虎、殺掉鱷魚算什麼，主公讓我去打徐國，我殺死了徐國的大將，俘虜了五百敵人，連鄭國都歸附了我們，這樣的功勞算不算大呢？與他們相比如何？憑我的功勞，能否吃到一個桃子呢？」

晏子在一旁添油加醋地說：「開疆拓土，比殺虎斬鱷的功勞要大，只是桃子已經吃完，就讓主公賞你一杯酒吧！」

齊景公也說：「要論功勞，是你最大，可惜說得晚了！」

田開疆十分生氣地說：「我為國爭光，幫主公打敗敵國，反倒不如殺虎斬鱷的人，還站在這裡丟什麼臉！」說完，拔劍自刎。

公孫接說：「我憑這麼點功勞，竟也搶桃子吃，想想真是臉紅，我也不活了！」說完，也拔劍自刎。

古治子大叫道：「我們三個人是生死兄弟，你們倆死了，我還能活嗎？」說完，也拔劍自刎了。

這就是著名的「二桃殺三士」的故事，晏子這個「老奸巨猾」的傢伙，不動一刀一槍，就不著痕跡地殺了三個武功高強的勇士。這不僅展現了他高深的政治智慧，更為後世留下了這樣一條官場權力角逐的潛規則：謀定而後動，謀無正邪，有勝乃大！

潛規則解讀

田開疆、古冶子、公孫接這三個人身為臣子，卻不懂為人臣者的禮節，居功自傲，驕橫跋扈，欺上壓下，甚至讓人利用成為謀反篡位的工具，可謂死有餘辜，完全是咎由自取，其之死雖然頗為悲壯，但卻一點也不值得可憐。

而晏子這位賢相真稱得上深謀遠慮典範，他雖然知道這三人並無反意，但是也知道這三人的傲慢個性和直腸子很容易被人利用，且這三人在齊國名聲頗大，一旦為亂必將難以收拾。於是他便見機使巧，利用這三人性格上的弱點，以兩桃激其之「義」，兵不血刃，輕而易舉地除掉了這三個政治隱患。其不露聲色、不動刀槍的謀略智慧可謂高矣！

我明明白白你的心——姚崇靠度心術保子孫平安

「下智者御力，上智者御心」。「度心術」歷來就是權力場中人們極為推崇的謀略。唐朝的「救世宰相」姚崇無疑就是箇中能手，在與政敵的鬥爭中，他往往能將對方的心理揣摩得一清二楚，戰而勝之，讓對方偷得心服口服

姚崇，人稱「救世宰相」，他為唐朝的開元盛世立下了汗馬功勞，政績卓著。然而，談到他的為人品德，就沒有什麼讚揚之詞了，史學家認為，他為官好排擠他人，玩弄權術。姚崇和張說在唐玄宗時同朝為相。張說亦是重臣，深受玄宗器重，姚崇很嫉妒他，兩人經常明爭暗鬥，有時連唐玄宗也覺得難以調解。

後來，姚崇患了重病，病情日甚一日，他覺得自己快不行了，便把兒子召至床前，說：「爹爹就要撒手人寰了，審視一生，也曾做過轟轟烈烈的大事業，沒有什麼值得遺憾的事。只是有件身後事我甚不放心。張丞相與我同朝為官多年，言來語去，多有摩擦。我在世時，他不敢怎樣，但我死後，他會羅織罪名，毀我名聲。一死萬事休，任他說什麼，我倒沒什麼關係了，只是放心不下你們幾個。若我獲罪，

肯定會株連你們。你們有什麼辦法應付嗎？」

兒子們你看我，我看你，覺得沒有什麼良策對付。姚崇繼續說：「制人，要因人之性，借人之手。若能讓張丞相來為我蓋棺定論，出於時風所礙，他不會不說好話的。這樣吧，等我死後，張丞相照慣例會來祭奠。他來之前，你們可把我平生搜集到的佩飾玉玩都擺在供案上，見機送給他。待他收下，就請他為我寫墓誌銘。一旦拿到墓誌銘，速請皇上過目。這樣，就萬事大吉了。」

姚崇死後發喪，張說果然來弔唁。剛進靈堂，他就盯住了擺在靈案上的諸多玉器寶玩，連行禮時，也心不在焉，直盯著不放。姚崇的兒子們心中暗喜，忙按姚崇生前指教，將寶玩玉器盡數送與張說。張說假意推辭了幾下，最後開心地收下了。

寶玩送到張說府上，張說還來不及看一遍，就有姚崇長子前來求見。見面一問，原來是來請求為父撰寫墓誌銘的。拿了人家的東西，這點事情，當然應當效勞。張說沒考慮，就一口答應了。姚崇長子千恩萬謝地走了。

死人的墓誌銘是馬上要用的，說要寫就得寫。再說，張說也想趕緊應付過去此事，好細細品玩那批稀世珍寶。於是叫下人磨墨，揮筆草就。按照當時寫墓誌銘的時風，說了不少讚譽的話。

碑文剛寫完，就有姚府上的人等著取走。姚崇兒子們見到碑文，忙按父親吩咐，呈奏皇上。皇上御批「可」，便速請人刻在石碑上。

再說過了兩天，張說從偶得寶玩的狂喜心境中平靜下來，仔細回味，才覺得此事有點不對勁，他姚崇家為何平白無故送這麼多珍貴的寶玩給自己呢？又一想自己所寫的碑文，才大呼「上當」，忙派人去姚府，說前日所寫墓誌銘有點不妥之處，請求取回去修改。可家人回來說那碑文已奏過皇上並已刻在碑上，張說一屁股坐在椅子上，長嘆一聲：「又讓姚崇這匹夫算計了！」

姚崇深知張說貪求寶玩玉器之性，才因其性而巧施賄賂之計，讓自己的政敵說自己的好話，避免政敵在自己死後對自己進行攻擊，也為兒孫們免除了一場大劫難。

潛規則解讀

姚崇作為「救世宰相」，一直被譽為賢相的楷模。他勇於革新傳統觀念，政績可觀，的確是一位值得稱道的賢相。然而在做人的品德方面，其人卻過於喜歡算計。看文中的事例，我們不難發現姚崇確實好弄權術。與張說的鬥法，顯示出其人城府之深，度心之準，對於張說在其死後的舉動分析的絲毫不差，也難怪張說會自愧不如，甘拜下風了。

自汙即是自保——王翦置田，蕭何請苑

在古代，無論皇帝是昏庸無能，還是雄才大略，都有一個共同點，那就是在他們眼裡，江山社稷總是第一的，至於官吏貪婪與否、愛民與否就顯得不那麼重要。有時高官愛民比貪婪更可怕，他們會想這個人太得民心了，會不會威脅自己地位？開國皇帝如此，繼位者也是如此，在這種情況下，一些明智的官吏自汙以自保，也就是意料之中的事了。

西元前二二五年的一天，秦國大將王翦率領六十萬大軍，即將踏上伐楚的征程。秦王嬴政親自送行。王翦臨行的時候，請求秦始皇賜給他很多良田、房屋、園林。秦始皇一聽哈哈大笑說：「將軍啟程吧，你還擔心日後貧窮嗎？」王翦說：「當大王的將領，即使有功勞，到底也難得封侯，趁著現在大王還瞧得起我，所以想藉這個機會請求大王賜予園林作為子孫的產業罷了。」秦始皇大笑應允了。

到了函谷關，王翦又接連五次派使者向朝廷索求賜予良田。有心腹就對他說：「將軍這樣請求賞賜，也太過分了吧，難道不怕大王生氣？」王翦意味深長地說：「你不懂。大王生性粗暴，不相信人。現在我帶著六十萬大軍，這可幾乎是秦國的大半兵力了啊。我不趕緊請求賜予田地住宅給子孫留作產業，以表明自己的忠心，難道想秦王無緣無故來懷疑我嗎？」

王翦的意思是向秦王暗示自己志向不大，只貪圖些小利，不是和秦王爭天下的人物，這樣秦王自然會放心了。

與王翦相同，漢初的丞相蕭何也頗諳此道。西元前一九四年，英布反叛，漢高祖親自率軍征討他，中間多次派人回來詢問相國在幹什麼。當時，蕭何因為劉邦帶兵外出，就安撫勉勵百姓，拿出自己全部家產捐助軍費，如同討伐陳豨叛亂時一樣。

有一位門客對他說：「大人，我看你離滅族的大禍不會很遠了。」蕭何一聽，忙問怎麼回事，讓他把話說清楚。門客說：「大人位居相國，功勞第一，功名已經無以復加了。然而自從大人進入關中，就深得民心，至今十幾年了，老百姓都親附您，您還在孜孜不倦地辦事，更加得到民眾愛戴。皇上之所以屢次詢問大人的情況，就是害怕您威震關中啊！如今大人何不多買些田地，低價出租以玷汙自己的聲譽？只有這樣，皇上才會安心啊。」蕭何深以為然，就聽從了這個建議。

接著就有官員向劉邦打小報告，說蕭何在關中為自己低價買地的事，劉邦聽了，心中不但不怒，還大為高興。

潛規則解讀

王翦為防止秦王的「雄猜」，蕭何為了避免兔死狗烹，也只好做貪鄙貌，作賤自己。古代政治道德的內在矛盾就在於此，貪財好色，廣置田宅，肆意享受，往往被認為沒有政治野心而可以加以信任。反之，必為人主猜忌，同僚排擠。這反映出古代政治道德的困境。伴君如伴虎，做大臣的廉潔不一定好，貪賄也不一定壞，皇帝判斷你的標準隨時在變化。

經商求勢重於求利
——胡雪巖放長線釣大魚

傳說胡雪巖一生發跡，是以資助王有齡始。他的第一個官場靠山，也是王有齡。沒有胡雪巖的資助，王有齡可能在官場之中永無出頭之日；而沒有王有齡的支持，胡雪巖也不可能成就日後「紅頂商人」的偉業。胡雪巖做了一次「風險投資」在王有齡身上，結果大獲豐收。

王有齡在當時是一名候補鹽大使，打算北上「投供」加捐做官，可是他窮困潦倒，舉口無親，每天只能泡在茶館裡消磨時光，根本無錢「投供」，得不到做官的資格。

胡雪巖了解這些情況後，心頭不由一亮。他知道眼前的王有齡絕非等閒之輩，若助他進京「投供」，日後定有出頭之日，能成為幫助自己事業騰飛的靠山。胡雪巖當時還只是信和錢莊收帳的小夥計，他手裡正握著剛剛收來的五百兩銀子，他擅作主張，沒有將銀子交給老闆，而是決定在王有齡身上下注。當他將一張五百兩的銀票遞到王有齡手中的時候，王有齡又驚又喜，感激涕零，將胡雪巖奉為自己的大恩人。有了這筆錢，王有齡第二天就啟程北上了。

胡雪巖回到錢莊，老闆知道他私挪錢莊款項後，盛怒之下將其掃地出門，同行也不敢收留他，日子自然難熬。而這時王有齡卻開始了他的鴻運，得到了一份掌管海上運糧的肥差。衣錦還鄉後，幾經周折也沒有找到胡雪巖，而在一次閒遊中卻無意間見到了他。胡雪巖看到王有齡已身登宦門，心裡的石頭落了地，知道自己的付出終於要有回報了。

王有齡上任後，第一件事就是幫胡雪巖找回飯碗，洗刷名聲。錢莊的同事也感到胡雪巖是個忠厚仁義之人，便愈發敬重他。自此，胡雪巖在錢莊業聲譽大震，為他日後自己開錢莊打下了堅實的基礎。

在王有齡的庇蔭下，胡雪巖不再做錢莊的小夥計，而是自立門戶，販運糧食。他在官與商之間如魚得水，遊刃有餘，自此走上了從商的坦途，事業日漸發達。倚仗官勢，胡雪巖在商界中的生意越做越大，萌發了開錢莊的念頭。眾所周知，沒有雄厚的資本，錢莊當然開不起來，然而胡雪巖卻要在經濟實力非常薄弱的情況下做大生意。常人看來是痴人說夢的事，而對於有官勢撐腰的胡雪巖來說卻胸有成竹。他利用王有齡職務之便，代理海運公款匯劃，為自己籌得了一筆款項，又贏得了聲譽信用，創立了無形資產，可謂一舉兩得。同時，他還利用王有齡在官場的勢力，代理公庫，白借公家的銀子開自己的錢莊。不到兩年工夫，他的錢莊就熱烈地開張了。

隨後，因為有王有齡後臺，胡雪巖發現自己面前突然出現了一個新的世界。糧食的購辦與轉運，地方軍隊團練經費與軍火費用，地方稅金、絲業，各方面的錢都往胡雪巖所辦的錢莊裡流。胡雪巖深諳官場勢力對自己巨大的保護，因此他繼續幫助那些有希望有前途的官員，來鞏固自己的地位；同時也遷就時局，不斷尋找新的保護人，以求自身的發展。他樂此不疲地幫助左宗棠籌款購物，除了商業目的外，還因為支持左宗棠興辦洋務，成就功名，從而為自己在朝廷中找到一棵安身立命的大樹，讓自己減少風險，增加安全感。有了左宗棠這樣一個大官做後盾，有了朝廷賞戴的紅頂，賞穿的黃褂，天下人莫不以胡雪巖為天下一等的商人，莫不視胡雪巖的阜康招牌為一等的金字招牌。胡雪巖也敢放心地一次吸存上百萬的鉅款，也可以非常強硬地與洋人抗衡。任何一個規規矩的商人都不敢像他這麼做，可是胡雪巖通通做到了。

作為「紅頂商人」的胡雪巖，其「紅頂」很具象徵意義，因為是朝廷賞發的，戴上它，意味著受到了皇帝的恩寵，也意味著他所從事的商業活動的合法性，同時，皇帝的至高無上也保證了胡雪巖的信譽，可謂一箭三雕。胡雪巖憑著這「紅頂」，累積了萬貫家財，成為顯赫一時的一代鉅賈。胡氏以其睿智的眼光，發現了靠山對於生意人的重要性，並一生致力於培植自己的官場靠山，踩著官場的階梯，登上了財富的寶座。

潛規則解讀

胡雪巖是晚清一個具有傳奇色彩的商人，他讀書不多，但熟知官場取勢求利的精髓，運用其以誠取信的商業原則，助人濟世的公義精神，富有洞察力的經營眼光和周旋於複雜社會的機敏與圓通，從一位錢莊小廝崛起為富可敵國的江南鉅賈。

狡兔必有三窟，為官當思長遠
——馮諼為孟嘗君買「義」

馮諼和孟嘗君之間的故事是千古流傳的美談，是古往今來有識之士人人皆知的名篇。二人之間的故事顯示了孟嘗君大度、善用人才的領袖風度，更顯示了馮諼高瞻遠矚、謀略深遠的謀略家魅力。

春秋戰國時期，齊國有位名叫馮諼的人，貧窮不能養活自己，他讓人去找孟嘗君（姓田名文，齊國貴族，湣王時為相，「孟嘗君」是他的封號，素以好養士而聞名，與魏信陵君、楚春申君、趙平原君並稱戰國四公子）說願意到孟嘗君門下當食客。孟嘗君問：「他愛好什麼？」回答說：「他沒什麼愛好。」又問：「他有何才幹？」回答說：「他沒什麼才能。」孟嘗君笑了笑接受他，說：「好吧。」

初來乍到的馮諼並沒有受到重視，手下辦事的人因孟嘗君認為他卑賤，於是就給他吃粗劣的飯菜。過了不久，馮諼靠著柱子，用手指彈著他的佩劍，唱道：「長鋏歸來乎！食無魚。」手下的人把這事告訴了孟嘗君。孟嘗君說：「給他吃，照門下一般客人看待。」過了不久，馮諼又靠著柱子彈著劍，唱道：「長鋏歸來乎，出無車。」左右的人都笑他，又把這話告訴了孟嘗君。孟嘗君說：「給他準備車馬，照門下出門可以乘車的門客對待。」於是馮諼坐著他的車子，高舉著劍，去拜訪他的朋友說：「孟嘗君把我作門客看待了！」後來又過了不久，馮諼又彈起他的劍，唱道：「長鋏歸來乎，無以為家。」大家都厭惡他，認為他這個人貪心不足。孟嘗君知道後就問：「馮先生有親屬嗎？」回答說：「有位老母親。」孟嘗君就派人供應她的飲食、用度吃穿，不使她感到物質缺乏。於是，馮諼就不再唱了。

後來，孟嘗君拿出公告，詢問他的門客：「誰通曉會計，能為我去薛地收債呢？」馮諼簽名說：「能。」孟嘗君覺得奇怪，問：「這是誰呀？」左右的人說：「就是唱那個『長鋏歸來』的人。」孟嘗君笑道：「這位客人果真有才能，我對不起他，還從來沒有見過面呢！」立即派人請馮諼來相見，道歉說：「我被事務搞得很疲勞，心亂憂愁；我軟弱無能，整天沉溺國家大事，得罪了您。您不將此事放在心上，竟然還想要替我去薛地收債嗎？」馮諼回答道：「願意去。」於是備車，整理行裝，載上債據而動身，告辭說：「債務收完了，用所收的債款買什麼東西回來呢？」孟嘗君說：「家裡缺少什麼你就買些什麼吧。」

馮諼趕車來到薛地，派官吏召集百姓中該還債的人都來合驗債據。債據全部合驗完畢，他站起來，假傳孟嘗君的命令，把債款賜給眾百姓，然後就燒掉那些債券，百姓都高興地稱讚孟嘗君的美德。

完事以後，馮諼迅速趕著車回到齊都臨淄，早晨就求見孟嘗君。孟嘗君以馮諼的迅速返回為怪，穿好衣服戴好帽子見他，問：「先生，債全都收完了嗎？怎麼回來的這麼快？」馮諼說：「全都收到了。」孟嘗君：「買什麼回來了？」馮諼說：「您說『看家裡缺什麼』，我想到您府中充滿珍寶，獵狗、駿馬填滿了外面的馬房，美女充斥著堂下陳放財物、站列婢妾的地方；您家裡所缺的，是『義』這種東西罷了！我私自為您買了義。」孟嘗君道：「怎麼買義？」馮諼道：「現在您有小小的薛地，應安撫（百姓），視薛地百姓為己出，憑藉商賈之道取利於薛地的百姓。我私自假造您的命令，把債款賞賜給眾百姓，順便燒掉了契據，百姓歡呼『萬歲』。這就是我用來為您買義的方式啊。」孟嘗君不高興，說：「呵，先生，你還是算了吧。」

一年後，齊湣王對孟嘗君懷猜忌之心，對他說：「我不敢讓先王的臣子做我的臣子。」孟嘗君只好前往他的封地薛地去。距離薛地還有百里沒到，薛地的人民扶老攜幼，迎接孟嘗君在半路上。孟嘗君這時才恍然大悟，回頭看著馮諼說：「先生替我買義的道理，今天終於見到了。」

馮諼說：「狡猾機靈的兔子有三個洞，才能免遭死患；現在您只有一個洞，還不能算是高枕無憂。請讓我再去為您挖兩個洞吧。」孟嘗君應允了，就給予五十輛車子，五百斤黃金。馮諼向西去魏國大梁活動，他對魏惠王說：「齊國放逐他的大臣孟嘗君，他所到之處，哪位諸侯先迎住他，就可使其國家富庶而軍事強大。」於是惠王空出相位，讓原來的相做了上將軍，派使者帶著黃金千斤，百輛車子，去聘請孟嘗君。馮諼先趕車回去，告誡孟嘗君說：「千斤黃金，很重的聘禮了；百輛車子，這算顯貴的使臣了。但你如果還想在齊國發展，就請推辭掉，我想，齊國君臣大概已經聽說這事了吧。」於是，魏國的使臣往返了三次，孟嘗君堅決推辭而不去。

齊湣王聽說這一消息，君臣上下十分驚恐，派遣太傅攜帶千斤黃金、繪有文采的車子兩輛、佩帶的劍一把，封好書信，向孟嘗君道歉說：「我沒有福氣，遭受了祖宗神靈降下的災禍，寵信巴結逢迎的臣下，得罪了您。我不值得您來輔佐，希望您顧念齊國先王的宗廟，姑且回到國都來，治理全國的百姓吧。」馮諼告誡孟嘗君道：「希望你向齊王請求賜予先王傳下來的祭祀祖先使用的禮器，在薛地建立宗廟。」宗廟建成，馮諼回報孟嘗君：「現在三個洞已經營造好，您可以無後顧之憂了。」

孟嘗君當了幾十年相國，沒有遭到絲毫禍患，這都是靠馮諼的計謀才能如此。

潛規則解讀

馮諼為孟嘗君做的第一件好事就是在常人看來愚蠢之極的「千金買義」。說他愚蠢的人，是認為他放棄了諸多眼前的金錢利益。可事實上，正是這一點展現了馮諼的長遠眼光和深刻的洞察力。眼光短淺的常人只能看到眼前的小利，馮諼卻以損失眼前的利益為孟嘗君換來了長遠的巨大利益。常人只能看出多少多少的實物價值，他卻評估出了「仁義」二字的巨大無形資產價值，實際上他是最為精明和最會算計的人中豪傑。

賣掉「奇貨」換大官
——呂不韋販賤賣貴賺天下

長線投資者每一次成功投資所取得的回報都是令人嚮往的，但期間的艱辛與付出也令人卻步。正因此，成功的長線投資者總是出類拔萃的。要運作一樁長達幾年甚至十幾年的長線投資並獲得成功，付出的更是常人想像不到的毅力和智慧。

最著名的長線投資當屬戰國時期呂不韋的建國立君投資。

呂不韋是戰國時韓國陽翟（今河南禹縣）的大商人，他「往來販賤賣貴，家累千金」。在趙國都城邯鄲（今邯鄲）經商時，他得知在趙國為人質的秦國公子子楚處境窘迫，就十分有遠見地說：「此奇貨可居。」此話並非一時的衝動，實在是很有根據的。

秦昭王四十年（西元前二六七年），秦國原來所立的太子死了，於是便立了次子安國君為太子。安國君所立的夫人號華陽夫人，沒有兒子。在趙為人質的子楚是安國君另一位姬妾夏姬所生。如果昭王去世，安國君立為王，就必然在諸姬妾所生的兒子中選擇嫡嗣。這種選擇的權力掌握在安國君和華陽夫人手裡。也就是說，誰能得到安國君和華陽夫人的寵愛，誰就有希望取得王位的繼承權。呂不韋認為，這位「居處困、不得意」的公子子楚，如果能得到強大的經濟資助，去討安國君和華陽夫人的歡心，把自己表現得面面俱到，就很有可能被立為嫡嗣，由太子而至秦王。果真如此的話，這位靠自己金錢支持而登上王位的君王，反過來回報的利益，就不是可用金錢計算得出的！呂不韋於是去見子楚，說明了自己的想法。子楚如久旱得雨，乃頓首曰：「必如君策，請得分秦國與君共之。」他請呂不韋立刻去咸陽活動。

呂不韋極有心計，他到咸陽後，知道時機不到，冒昧去見華陽夫人，反倒引人起疑。於是他先拜見了華陽夫人的姐姐，送了她一筆厚禮，又拿了一些玉璧、黃金，請她轉交給華陽夫人，當然，這些都是以子楚的名義送出的。

華陽夫人的姐姐沒想到子楚在趙國不僅沒被殺掉，居然還有財力送禮，就奇怪地問道：「子楚在趙國的情況怎樣呢？」呂不韋答道：「趙王因為秦國屢次攻打趙國，現在又圍住趙都邯鄲，早就想要殺掉子楚，虧得趙國的卿大夫們一力保護他，才倖免於難！」華陽夫人的姐姐就更覺得奇怪了，問道：「這是為什麼呢？難道是因為趙國懼秦國嗎？」呂不韋連忙說：「哪裡哪裡，如果趙國懼怕秦國，也就不會拼死抗秦了。只是因為子楚學問好，人緣好，又是個孝子，大家才不忍心他被殺害，都說秦、趙兩國交兵，實在與子楚無關。每逢太子和夫人生日那天，子楚總是去燒香磕頭，拜朝西方祝禱，替太子和夫人拜壽。趙國人見他是個孝子，都說殺之不祥。還有，子楚喜歡結納天下豪傑，各國諸侯多少都跟他有點交情，他們也都勸說趙王不要殺他。如果換個人，有一百條命也早丟了！」

華陽夫人的姐姐聽了這番話，真是又驚又喜，驚的是子楚竟有這般才幹，喜的是又這麼孝順。呂不韋見她臉有喜色，接著又說：「令妹華陽夫人專寵於秦王，那是再無他求了。只是沒有親生兒子，日後年長，誰能靠得住呢？不知您有什麼打算。」

華陽夫人的姐姐連忙向呂不韋問計，呂不韋說：「在太子的這麼多兒子當中，又有誰比子楚更合適呢？他德才兼備，又有質趙之功，最重要的是對太子和夫人的一片孝心。夫人如果能收子楚做兒子，自己也就有了兒子，子楚也就有了母親，華陽夫人日後就不用煩惱了。」

這番話說得華陽夫人的姐姐在心裡直點頭。她倒不一定是為子楚著想，但對於妹妹的未來，她卻不能不考慮。妹妹無子，將來就很難做太后，即使做了，也不穩固，尤其是立一個生母還在的兒子做太子，那就更危險了。子楚的生母已去世，如果能認子楚為子，再立他太子，那是再好不過的事了，況且子楚又有如此的孝心呢。她當即表示同意，願意前去說服妹妹。

她見到華陽夫人，送上呂不韋帶來的禮物，又前前後後地說了一遍，申述利害，再動之以情，華陽夫人也覺得別無其他好方法，就同意了。華陽夫人吹起枕頭風，逼著太子安國君去接回子楚。安國君認為能把子楚接回秦國，也是好事，就派呂不韋想辦法接回子楚。

華陽夫人私下裡告訴呂不韋，安國君已答應把子楚立為嫡子，只是先別聲張，以免子楚的其他兄弟和趙國知道後再生事端。太子給了呂不韋三百斤金子，夫人為表示誠意，又加了一百斤。呂不韋就帶著這些金子回到了趙國。

呂不韋回到趙國告訴了子楚將被立為嫡子的消息，子楚真有死而復生之感，他從此活躍起來。諸事俱備，子楚也就準備結婚了。

當然仍由呂不韋張羅這件事。在聘人之前，呂不韋請子楚到自己家裡喝了一次酒。席間有一女子，名叫趙姬，是大戶人家的女兒，不僅美貌絕倫，而且能歌善舞，口齒伶俐，子楚果然一見傾心，回到家後就派人來索要。呂不韋開始佯怒，繼而虛與委蛇了一番，最後當然答應了。就這樣，子楚娶了趙姬，不到一年，就生了個兒子，因為生在趙國，取名趙政。他就是後來統一中國的秦始皇。

秦國圍困邯鄲日久，眼見即破，呂不韋恐怕趙王殺掉子楚，就加緊密謀逃跑。他用金子買通了一位把守邯鄲南門的將軍，告訴他說：「我是陽翟人，來邯鄲做生意，全家都被困在城裡，如果出不了城，不僅本錢蝕光，性命恐怕也保不住了。」就這樣，呂不韋帶著子楚、趙姬和兩歲的趙政，逃出了邯鄲。

當時秦昭襄王正在趙國督戰，他們先見了秦王，秦王很高興，把他們送回了咸陽。呂不韋讓他們穿上楚國的服裝去見華陽夫人，華陽夫人一見，十分奇怪地問道：「你們先在趙國，現又回到秦國，怎麼穿楚國的服裝呢？」子楚立刻按呂不韋事先教會的話說：「兒子不孝，不能親自侍奉二老，但天天想著母親，知道母親是楚國人，就經常穿楚國的服裝。」這使華陽夫人非常感動。

安國君賞賜了呂不韋，子楚住在華陽夫人的宮裡，下一件事就是等待被立為太子了。

子楚歸國後不久，秦昭襄王病死，安國君即位，是為秦孝文王，立子楚為太子。秦孝文王不久病死，即位的子楚即秦莊襄王也不久病逝，接著，十三歲的趙政即位當了秦王。

趙政做了國君，呂不韋也由此權傾一國。

潛規則解讀

呂不韋以奇貨可居為信條，用金錢去拓道開路，往往被一些人譏為「投機」。然而，他以一個商人的身分，能正確預測政治變化，發揮自己的優勢，去進行有利於己的活動，在那樣的社會裡，似乎也不便深責。況且，在客觀上，他的活動對當時社會的穩定和文化的發展有利無害，因此，譏笑或責備他就更沒道理了。

第二章　知藏露——官場進退自如

中立而不倚，強哉矯
——田千秋圓滑處世度難關

「不偏不倚，是為中庸」，封建官場的中庸之道不僅是明哲保身的護身術，還是留得有用之身發揮才能的做官潛規則。西漢著名的「車丞相」田千秋就深悟中庸玄機，在其位而不謀其政，使上下變通，左右逢源一路順風，最終因「庸」得福。

歷史上著名的「鹽田會議」發生在西漢始元六年（西元前八十一年）。當時西漢丞相田千秋受漢昭帝委命與御史大夫桑弘羊一起聚集當時的民間賢良，討論民間疾苦。在這次會議上，來自社會下層的賢良之士與代表中央政府的桑弘羊及其助手們就漢王朝內外政策進行了激烈辯論。但作為會議主持人的田千秋，儼然一個袖手旁觀的局外人，全然不為雙方的激烈爭論所動，除了一兩句無關痛癢的簡短發問外，竟然再也沒說什麼話。到了漢宣帝時，大臣桓寬將此會議的文件加以整理，寫成《鹽鐵論》一書。在書中，他對田千秋的表現十分不滿，在書中公開批評田千秋：這個人坐著像周公旦、呂公望那樣的位置，卻在會議上像尊石佛一樣，不發一言。最後走的時候，還顯得從容不迫，簡直白吃了國家「公糧」。

然而事實上，田千秋並非無能的平庸之輩。漢武帝征和二年（西元前九一年），發生了震驚朝野的「巫蠱事件」，最後連太子都走上自殺絕路。次年九月，田千秋為太子申冤，促使武帝悔悟。田千秋上書，雖然假託「高廟神靈」之名，但在當時他敢於冒「父子之間人所難言」的風險上書，也足以說明其過人之處。為此，武帝任命他為大鴻臚。征和四年（西元前八九年）三月，田千秋又建議武帝罷退裝神弄鬼的方士，也是頗有見識的興利除弊之舉。六月，武帝以田千秋為丞相，下「輪臺詔」悔過，「禁苛暴，止擅賦，力本農」。田千秋對此心領神會，針對當時治獄、誅罰甚多，吏民恐懼的時弊，「乃與御史、中二千石共上壽頌德美，勸上施恩惠，緩刑罰，玩聽音樂，養志和神，為天下自虞樂。」。這種執行政事既安慰皇帝又寬緩天下的做法，更顯示了田千秋的精明老練。《漢書》讚其「敦厚有智，居位自稱，逾於前後數公」，確實是非常公允之語。

不過，昭帝即位後，田千秋卻自覺的開始做「好好先生」。武帝臨終之際，將國事託付給霍光、金日磾、上官桀等人，田千秋雖然與他們「並受遺詔，輔道少主」，但由於霍光以大將軍之任領尚書事，代表皇帝獨攬朝政大權，又與皇帝至親，而作為百官之長的丞相田千秋，卻被排除在權力核心外。田千秋對自己實際地位的變化十分敏感，為了保全身家性命，不至身敗名裂，他便只求在其位，不求謀其政，採取了與世無爭、明哲保身的做官處世哲學。尤其在霍光與上官桀分裂，兩派鬥爭相持不下之時，他更是小心謹慎，遇事似是而非，模稜兩可，對雙方都採取了不即不離的態度，力圖避免招來猜疑，陷入是非紛爭，以求在兩派的空隙中生存。霍光為了戰勝政敵，曾極力拉攏田千秋，表面上對他十分恭敬。據《漢書》記載，「每公卿朝會，光謂千秋曰：『始與君侯俱受先帝遺詔。今光治內，群侯治外，宜有以教督，使光毋負天下。』千秋曰：『唯將軍留意，即天下幸甚。』終不肯有所言。」他唯恐一言不慎，禍從口出。平日處理政務，也是人云亦云，沒有自己的主見，「素無所守持」。鹽鐵會議是在霍光的授意之下召開的，來自郡國的賢良之士得到了霍光的支持。田千秋深知這實際上是一場重大的政治鬥爭，雖然勉為其難地出席並主持了會議，但不願得罪任何一方，於是便採取沉默的戰術，不作明確表態。正是由於田千秋以圓滑的庸人哲學來處理政事，他不僅沒有捲入當時兩派爭鬥的漩渦，反而成為爭鬥雙方共同接受、爭相拉攏的人物。霍光見田千秋甘於庸碌，不會對自己形成威脅，便「以此重之。每有吉祥嘉應，數褒賞丞相」。其時，田千秋已是風燭殘年的老人，霍光使昭帝下令，特許田千秋可以破例「乘小車入宮殿中」，田千秋由此而得了個「車丞相」的雅號。上官桀等人被誅滅後，田千秋的地位曾一度發生動搖，但最終由於他的圓滑而度過難關，體面地老死於丞相之任，可謂「因庸得福」。

潛規則解讀

韜光養晦，明哲保身是古代諸多賢士型忠臣的為官之道，他們之所以選擇以「庸」示人，糊塗為官，並不是因為他們缺乏與權奸周旋的勇氣，而是他們深刻體認到了單憑自己一人之力在險惡的形勢下如果強要出頭，只會落得身敗名裂的悲慘下場。既然時不我予那又何必費心費力，只要不做昧心的事，保全性命以待時機又何嘗不可。即使時機在自己有生之年不再到來，那麼就這麼韜光養晦下去，保住有用之身，在暗中幫助有志之士，造福民間，將人生的重心抽離與權奸的爭鬥，也不失為忠良。

避權讓位，明哲保身——李泌功成、名遂、身退

古語有云：「功高震主者自危，名滿天下者不賞」，「弓滿則折，月滿則缺」，這

些都說明了「知足常足，終生不辱；知止常止，終生不恥」的道理。為官者要像范蠡、張良等人一樣懂得功成身退，否則難免會像李斯一樣發出「上蔡東門逐狡兔，豈可得乎」的哀鳴。

在唐代中期政壇上，李泌是一個充滿神祕色彩的人物，他曾輔佐玄宗、肅宗、代宗、德宗四個皇帝。李泌所經歷的是一個多災多難的時代，那時奸臣當權，藩鎮割據，許多大臣不是死於奸佞的讒言，便是死於武夫的刀劍。而他被四個皇帝所信任，雖屢被誣陷、讒毀，卻能倖免於難，保全終身，其中的訣竅有兩條：一條是避權讓位，一條是功成身退。

早在唐玄宗時，李泌還只是一個初生之犢不畏虎的少年，因其出色的智慧而聞名於朝廷。唐玄宗要任命他為太子李亨（即後來的唐肅宗）的官屬，他辭謝了。李泌只願以布衣的身分與太子來往，李亨稱他為先生，對他十分尊重。後來，李泌因遭楊國忠的忌妒而遭貶斥，他乾脆棄職而去，遊於嵩山、潁水之間，避免了一次殺身之禍。

「安史之亂」發生那年，新即位的李亨（唐肅宗）特地派使臣去請李泌出山，並要任命他為宰相，他堅決辭謝了，並對肅宗這樣說：「陛下以賓客、朋友的身分對待我，這已經比宰相之職還要尊貴了，何必還要勉強我呢！」

唐肅宗拿李泌也沒辦法，只好由他。但唐肅宗對李泌的尊崇信賴，可謂非同尋常，出則並駕齊驅，入則聯床而臥，朝中事無鉅細，全都請教於他，對他言聽計從。甚至連文武百官的提拔、宰相的任免，直至太子的人選，也都要聽從他的意見，真是所謂不在其位而謀其政。每當朝中議事時，他和皇帝連袂而坐，大臣們在下面便指指點點地說：「穿黃袍的是聖人，穿白袍的是山人（對李泌的尊稱）。」這樣一種高級參謀的身分，使李泌既可參與決策，又不必承擔任何責任，一旦發現有於己不利之事，進退也很自由。

然而，當時的宦官李靜忠也就是後來的大奸臣李輔國對李泌卻非常嫉恨。因為，李泌的出現阻礙了他實現權力野心的路，使他和肅宗於戰爭中結下的情誼在肅宗與李泌的朋友之誼面前顯得很單薄。肅宗已經不再像從前那樣，下朝後什麼事都要和他商量，徵求他的意見，然後滿意地點頭。有一天晚上，李靜忠垂手侍立在肅宗身邊，準備安排肅宗的晚寢，肅宗卻召來了李泌，揮手讓他退下。李靜忠心裡滿含著忌恨和委屈，陰沉著臉，出去時還回頭瞪了一眼李泌。他感到了自己苦心經營的地位岌岌可危，都是因為李泌，他代替了自己的位置。自己怎麼能這樣敗下陣來，夢想的富貴還沒有達到，一定要報復李泌。

肅宗的妻子張良娣也在恨著李泌。李泌的出現竟然讓一向敬重自己、遷就自己的丈夫不再關心自己，一心只想著與李泌敘舊情，竟然晚上也不到自己寢宮休息。以前一向無所不談的，現在竟然來去匆匆，顧不上和她說一句話。她勸皇上休息，皇上卻說：「婦人家，以內宮為要，不必干預外朝大事。」張良娣又氣又恨，所有的失落與不滿都歸罪到了李泌頭上。

李泌心裡很明白自己的處境，正所謂雙拳難敵四手，李靜忠與張良娣都與肅宗有著密切的關係，又都是不良之輩，為了明哲保身，他決定退隱山林。

此後不久，李泌便向唐肅宗請求還鄉歸隱，他說：「我已經報答了陛下對我的厚恩，如今我只想做一個閒散之人，雲遊四方，做我自己感到快樂的事情去。」

這使唐肅宗十分吃驚，肅宗問道：「我與先生這幾年來共同經歷憂患，如今將要同享歡樂，先生為什麼突然要離我而去呢？」

李泌嚴肅地說：「我有五條不能留下來的理由，懇請陛下允許我離去，使我免於一死！」唐肅宗不明白，問道：「此話怎講？」

李泌說：「我同陛下相知太早，此其一不可；陛下對我倚託太重，此二不可；其三不可，陛下對我寵信太深；我的功勞太大，這是四不可；我的行為太不尋常，容易遭人非議，乃五不可。這五不可正是我不能久留朝廷的理由。」

唐肅宗沒有表態，只是說：「該睡覺了，這件事以後再說。」

李泌堅持說：「陛下如今與臣同榻而臥，臣的請求你都不能給應允，更何況將來在朝堂之上、公案之前呢？那時，你將更加不允許我離去了。陛下不許臣離去，這是要置我於死地啊！」

唐肅宗說：「沒想到，先生竟對我疑懼到這個地步，像我這樣對待你、尊崇你，我又怎會做出殺你的事情呢？你簡直把我看成是只可共憂患而不可共安樂的勾踐了，是嗎？」

李泌說：「正因為陛下不會殺臣，臣才請求歸隱，期望得到您的首肯，若是陛下決定殺臣，我又怎敢向您說請求的話？而且我知道，殺臣的不是陛下，而是我前面述說的『五不可』啊！現在，陛下一向待我如此之好，我有一些事情不敢說，那將來天下安定之後，我就更不敢說話了！」在李泌的極力堅持下，他終於離開朝廷，隱居衡山。唐肅宗顧及舊情，賜他三品官的俸祿，並在衡山為他建了屋舍。

歷史證明，李泌的選擇是極其正確的。在平定安史之亂以後，李靜忠因為勞苦功高被委以重任，更名李輔國以後更是權傾朝野，他剷除異己可謂是不擇手段，毫不留情，連曾經的同盟者張皇后（張良娣）都不放在眼裡，欺下瞞上，無法無天。試想如果李泌還留在朝中，那又會有什麼好下場？

潛規則解讀

李泌算是一位真正的國士，他看透了官場人情，而在國家有難時又出來濟救蒼生，並非一味的逃世。他曾輔佐玄宗、肅宗、代宗、德宗四個皇帝。老子說過：「功成、名遂、身退，天之道。」深受道家思想影響的李泌便是按著這個「天之道」去做的，他立功而不求官，名成而不戀位；可為則為，不可為則不為，有所為有所不為；見機而行，適可而止；功成身退，無所羈絆。憑這一點，就超過了無數空有虛名的高人隱士。

鋒芒過露者前途無亮——「李廣難封」的真實原因

漢代飛將軍李廣，是令匈奴兵聞風喪膽的大將，但終以自刎結束了人生，仔細想一想，這與李廣平日處事作風有很大關係。他與將士同甘共苦，對他的軍士如子弟，真正做到了「吃苦在前、享樂在後」，得到眾勇士的擁戴，而且門生故吏遍布天下。可他卻不知韜光養晦，讓漢家軍幾乎成了李家軍，不僅遭到皇帝的猜忌，而且性格自負，經常得罪同僚，因此也沒有人幫他說好話。

李廣在歷史上的評價是很高的，唐朝詩人王昌齡曾讚美李廣「但使龍城飛將在，不教胡馬度陰山」。但是李廣縱然戰功赫赫，但其至死也沒有封侯，唐朝詩人王勃在〈滕王閣序〉中為李廣惋惜「時運不濟，命途多舛。馮唐易老，李廣難封」。但李廣難封是真的因為不走運嗎？歷史評價一個人常帶有情感色彩，對李廣的同情多於理性分析。其實李廣難封侯的原因，除了其不走運外，鋒芒過露也是一個主要原因。

李廣身材高大，手臂修長，擅長騎射，行軍作戰的風格飄忽不定，被匈奴人稱為「飛將軍」。在做上谷太守時，他每天都跟匈奴人打仗，他置個人生死於度外，戰鬥非常勇猛，以善力戰為名。有人對皇帝說：「李廣才氣，天下無雙，自負其能，數與虜敵戰，恐亡之。」皇帝愛其才，也擔心其死於戰場，於是將他調到上郡做太守。

老子曰：「揣而銳之，不可長葆。」兵器太鋒利了就容易折斷，雖然李廣每次打仗都是身先士卒，作戰勇敢，但除了力戰外，他並不懂戰略部署，從戰術上勝敵人，只是以勇猛勝人。

李廣出雁門擊匈奴，匈奴兵多，李廣被捉。此點說明李廣在謀略方面的確不是太擅長，除了單對單、多對多、多打少外，只要敵人兵一多，李廣便無可奈何，要嘛兵敗，要嘛被捉。

李廣設計逃走，可是由於兵敗，按律當斬，贖為庶人，也就是掏錢為自己贖命。一次，成為庶人的李廣回城太晚，城門已關。當時，有一亭尉趁著一股酒勁，喝斥李廣：「今將軍不得夜行，何況你是前將軍！」李廣由此心生殺機。事實上，雖然這個亭尉當時酒喝多了，但他也算得上是秉公辦事。等李廣又一次被皇上用為右北平太守時，李廣心想：「上次被那個亭尉拒之城外，竟然蔑視我飛將軍，這次我非殺了他而後快。」於是李廣把亭尉召至自己的軍中，後殺之。這一點說明李廣心胸太狹窄，心中容不得對自己有意見的人。俗話說：「宰相肚裡能撐船，將軍額頭能跑馬。」李廣心裡竟容不下一個小小的亭尉，可見李廣氣量狹小，不足以成大事。如果李廣不殺這個亭尉的話，亭尉必然會內疚自責，感激李廣的不殺之恩，他也必然在殺敵時力戰以報答李廣，但李廣卻憑一時之氣殺了他。沒有恢宏氣度的人又怎麼能去統領千軍萬馬呢？

而同時代的御史大夫韓安國，他坐牢時，獄吏田甲辱安國。韓安國說：「你就不怕我死灰復燃？」田甲此人很幽默：「你復燃，我當撒尿滅之。」後韓安國被拜為梁內史。田甲知後，逃走。韓安國更幽默說：「不逃走就不殺，如果逃走，就滅其九族。」田甲不敢走，向韓安國認罪。韓安國笑著說：「你給我撒泡尿看看。」韓安國不僅放走了田甲，而且還善待他。這就是韓安國大人不計小人過的氣度，但李廣卻做不到。

李廣在隨同大將軍衛青參加漠北的決戰時，衛青讓李廣從側路襲擊，但李廣不懂得收斂鋒芒的頑疾又出現，他請戰當先鋒，但衛青卻沒有同意李廣的請求，李廣怒而回部。事實上，衛青之所這麼做，是有原因的：一是衛青了解李廣，李廣自以為是，不聽指揮，沒有大局意識，跟敵人小打小鬧可以，大規模作戰難以勝任；二是衛青看到李廣年紀也大，體力和精力都不足，而且李廣急於封侯，想最後一搏取得戰績，而在他這種急於求勝的情況下，難免會出現失誤。因此衛青很理智地拒絕了李廣的請戰請求。但即便是讓李廣從側路進攻，李廣也沒有順利完成任務，他帶領隊伍迷了路，沒有及時和衛青主力部隊會合，以致讓單于逃跑。衛青責怪了李廣幾句，李廣頓時感到一陣悲涼：「廣結髮與匈奴大小七十餘戰，今幸從大將軍出接單于兵，而大將軍又徙廣部行回遠，而又迷失道，豈非天哉！且廣年六十餘矣，終不能復對刀筆之吏。」說完這些話，李廣就引刀自刎，死得很悲壯，百姓聞之皆哭。最終，李廣還是沒有封侯。

潛規則解讀

古代社會其實與現代頗有相似之處，如果一個人鋒芒畢露，大都會前途無「亮」。一個人不能融於群體，到底不能算是一個成功的人。李廣之死，追根究柢，與其鋒芒畢露的性格和名聲很有關係。李廣作為一位具有非凡勇敢和機智，且能與士卒同甘共苦的將領而言，是稱職乃至優秀的，可是如果沒有得到皇帝的認可、贊同，又被官宦形成的圈子所排斥，這時候獲得的民心和名聲，對自身是相當不利的。

李廣一生與匈奴進行七十多次戰爭，卻未被封侯，就是最好的證明。做官雖然做出政績，剛正不阿，但亦需要審時度勢，把握機會，使自己不至於鋒芒畢露。

盲從背後藏殺機——徐階何以讓奸臣「冤死」？

「小不忍則亂大謀」，「人在屋簷下，不得不低頭」，意思說的都是人在權勢、機會不如別人的時候，不能不低頭。所謂「尺蠖之屈，以求信也；龍蛇之蟄，以存身也。」正是這個意思。對敵人的依附和虛與委蛇並不一定就是完全妥協，徹底投降，這其中的關鍵在於藏於表象後的是軟弱還是殺機

明朝嘉靖年間，奸相嚴嵩把持朝政，剷除異己，迫害忠良，與其子嚴世蕃狼狽為奸，他們賣官背爵，貪婪成性，受賄無度，排擠忠良，敗壞朝政。當時朝中一些正直官員對這父子兩人非常不滿，紛紛上奏揭發、指控他們的罪行。但因嚴嵩得到嘉靖皇帝的信任，所以這些行為不但無法制止他們的惡行，反而使正派勢力受到多次打擊。如楊繼盛、沈鍊等人，都被嚴氏父子迫害致死。

徐階就是在嚴嵩炙手可熱，權傾朝野時進入內閣的，他「肩隨嵩者且十年」，從不敢與嚴嵩平起平坐，只是追隨在他的後邊謹慎從事。同時他在嘉靖皇帝齋戒所用的青詞上格外加工，以此親近皇帝，討其歡心。他一方面防備嚴嵩對自己下手，另一方面伺機「倒嚴」。

嚴嵩當政期間，其子嚴世蕃輔力甚大。嚴世蕃生得肥且醜陋，還瞎了一隻眼睛，卻天性聰穎，其文才比其父猶有過之，揣摩聖意更是天下一絕。嘉靖皇帝迷信道術，其寫的詔書向來是語焉不詳，玄之又玄的，而嚴世蕃往往能從隻言片語中判斷出嘉靖帝的喜好。嚴嵩每次按他兒子的意思上疏，結果無不中的。但正所謂成也蕭何，敗也蕭何，嚴世蕃後來耽於酒色，對研究如何揣摩聖意不怎麼熱心了。而當時嚴嵩本人又已年老，才思遲鈍，沒有了嚴世蕃的幫助，他只好自己去寫，結果他的文章惹得嘉靖帝很是不滿，由此漸漸疏遠了嚴嵩。徐階見此情況，認為時機趨於成熟。他就暗中支持御史鄒應龍上疏彈劾嚴嵩父子的不法之事。等到鄒應龍的奏疏呈給皇上之後，徐階卻特地到嚴嵩府中去拜謁嚴嵩，對他講了許多安慰的話。嚴嵩聽了以後很高興，頓首拜謝徐階，並且讓嚴世蕃把全家妻兒老小都帶到徐階面前，託付給他。徐階一回家，他的兒子就暗示他說：「您平時被嚴嵩父子侮辱到極點，現在正是報仇雪恥的時候了。」徐階假意斥責他說：「我不是因為嚴家就不會有今天，虧負良心與他作難，別人會怎麼看我。」嚴嵩派親信之人偵探徐階的心意，見他說的話和以前是一樣的便十分放心。此時皇上把嚴嵩罷免回鄉，嚴嵩去後，徐階仍是「書信不絕」，不時問候。這樣一來，使得老謀深算的嚴嵩也信以為真，而陰險狡詐的嚴世蕃竟也被他騙過，認為「徐老不會害我」，而更肆意妄行起來。這也是徐階韜光養晦之術的一部分，他在等待著最後的機會到來，好置嚴氏父子於死地。

被罷免回鄉之後，嚴嵩並未有所反省，沒有絲毫收斂，他的兒子嚴世蕃被充軍到廣東，也只在那裡待了兩個月，就悄悄逃回了故鄉。在家鄉，父子二人以為自己只是一時失意，很快就會恢復權勢，因此繼續無惡不作。袁州府推官郭諫臣因公事到嚴府去，嚴府惡僕正監督千餘名工匠在修建別墅。他們不但戲弄郭諫臣，而且還用瓦塊投擲他。郭諫臣一怒之下，就上疏給巡江御史林潤，揭發嚴府侵占強暴的罪行，告發他們聚眾謀反。林潤馬上奏報朝廷。皇上立即命將嚴世蕃等逮至京師。

到了這種地步，嚴世蕃仍是我行我素，滿不在乎，他誇口道：「任他燎原火，自有倒海水。」他聚集其黨私下謀劃，自認為在自己的罪行中，行賄已經是無法掩蓋的事實，但是那不是皇上所深惡的方面，而「聚眾以通屢」的罪名大，必須設法刪除。

他還補充填寫楊繼盛、沈鍊之獄的事，這樣既可激怒皇上，又可得到赦免。謀劃好了以後，他又讓他的黨徒到處去宣揚。於是主持審理案件的刑部尚書黃光異、左都御史張永明、大理寺卿張守直聽信了傳言，草擬了這一內容的疏稿，準備進呈給皇帝。他們先將此疏稿帶給徐階過目。徐階對一切都已心中有數，但是故作不知，問三人：「疏稿在哪裡？」三人馬上呈給徐階看。徐階看後，將他們帶到內室，屏去左右，對他們說：「你們認為嚴公子是該死，還是該活呢？這個案子是想判他死罪呢，還是想判他生還呢？」三人說：「寫上楊、沈之案正是要判他的死罪。」而這時的徐階卻言：「別自有說。」於是講出如果這樣寫，他們正是中了嚴世蕃之計，三人這才猛然醒悟。可是對於奏疏究竟如何寫才能置嚴世蕃於死地，仍沒有主意，他們一再請徐階出主意修改。這時只見胸有成竹的徐階馬上自袖中取出了一份早已寫好的疏稿，說：「擬議久矣。」三人一見，喜出望外。於是一份置嚴世蕃於死地的奏疏，就這樣在徐府產生了。疏中歷數了嚴世蕃的種種滔天大罪，特別突出了他的「潛謀叛逆」。揣摩透了皇上心理的徐階知道，僅此一點，就足以致嚴世蕃以死罪。果然不出他所料，疏上以後，皇上震怒，令三法司核實後奏聞。徐階急忙帶著聖旨出宮來，三法司官員齊集在宮門外候旨。徐階只簡略地問了他們幾句話，就回家去草擬奏疏，在奏疏中他極力上言事已屬實。就這樣，嚴世蕃終於罪有應得地被判斬首，嚴嵩被黜為民，嚴府被抄，人心大快。後來嚴嵩老病而死。

潛規則解讀

徐階入仕之初，正值嚴嵩深得嘉靖帝信任，權傾朝野之時。而徐階最終之所以能將其扳倒，靠的就是隱忍韜晦，以假掩真之術。他表面上對嚴氏父子虛與委蛇，而暗中卻潛伏殺機，以「假痴」的行為矇騙過了老奸巨猾的嚴氏父子，以忍耐之術潛心尋找「倒嚴」的時機，這無疑是非常明智的。試想，假若他不這麼做，而是選擇正面與嚴氏父子為敵，在當時的形勢下，任其智謀再高，也會像楊繼勝、沈鍊那樣被迫害致死。徐階這種以假隱真，扮豬吃老虎的鬥智謀略在中國古代忠奸傾軋史上可謂寥寥無幾，而且鬥的是史上有名的大權奸，這就更顯得其難能可貴。

藏鋒露拙，扮豬吃老虎——司馬懿裝病惑曹爽

當自己的力量處於弱小時，要及時改變策略，暫停進攻，先休整積蓄力量，等待

時機成熟後再採取行動。「寧偽作不知不為，不偽作假知妄為」、「靜不露機，之雷屯也」，即寧可裝作糊塗而不行動，也不可冒充聰明輕舉妄動，暗中籌畫而不露聲色，就像雷電在冬季蓄而不發，這才是置敵於必敗的訣竅。

曹操去世後，他的兒子曹丕廢了漢獻帝而自立為帝，建立了魏國。曾經為曹操出謀劃策的司馬懿，此時也幫著曹丕料理軍政大務，帶兵東征西討，為曹魏政權立下了赫赫功勞。曹丕傳位給太子曹睿時，司馬懿又被任命為輔佐大臣。司馬懿野心勃勃，有雄才大略，善於用謀略，克敵制勝，是曹魏後期最有聲望，最具權勢的大臣。

魏明帝曹睿死時太子年幼，司馬懿與曹爽共同輔佐太子執政。曹爽是皇族宗室，自從掌握大權後野心勃勃，想獨攬大權。但是司馬懿是三朝元老，功勞高，有威望，而且謀略過人，在朝廷中有相當大的勢力，因此，曹爽還不敢公開和司馬懿鬥。而司馬懿也想奪得大權，他早把曹爽的舉動看在眼裡，但表面上仍然裝糊塗，後來，乾脆稱病不上朝，把權力全「讓」給了曹爽。

曹爽雖然一個人獨攬朝廷大權，可他對司馬懿仍然不放心。司馬懿雖然自稱年老多病，不問朝政，可他老奸巨猾，處事謹慎，誰知他是真病還是假病？當初武帝曹操創業的時候，聽說司馬懿胸懷韜略，多次派人請他出來為官，可是司馬懿出身士族，自視高貴，瞧不起出身寒門的曹操，不願在曹操手下做官，就裝病在家，後來見曹操勢力強大了才出來跟隨曹操，為曹操出力。這一次有病，誰知他是不是故技重施呢?因此，曹爽對司馬懿不敢掉以輕心，他經常派人打聽司馬懿的情況，可就是探聽不到實情。

河南人李勝是曹爽的心腹之臣，曹爽任命他為荊州刺史。李勝臨去上任時，曹爽安排李勝以探望為名到司馬懿府中去探聽虛實。

李勝在客廳坐了很久才見司馬懿衣冠不整、不斷地喘息著，由兩個侍女一左一右地架著從內室慢慢走出。

李勝連忙站起身來向司馬懿行禮問安。司馬懿的兒子司馬昭對李勝說：「李大人免禮吧，家父身體難支，還要更衣。」

旁邊走過一個侍女，用盤子端著一套衣袍來到司馬懿面前，請司馬懿更衣。司馬懿顫顫抖抖地伸手去拿衣服，可剛拿起衣服，他的手無力地往下一垂，衣服掉在了地上。侍女趕忙拾起衣服幫司馬懿穿上。兩個侍女攙扶著，小心地讓司馬懿半躺著坐在躺椅裡。

司馬懿喘息了一會兒，慢慢地抬起右手，用手指指自己的嘴，上氣不接下氣地說：「喝——粥——」

一個侍女連忙出去，端了一碗粥來到司馬懿面前。司馬懿抖著手去接，可他的手抖動得太厲害，最終還是拿不住碗。侍女只好端碗送到司馬懿的唇邊，用小湯勺一小口一小口地把粥送進司馬懿的口中。司馬懿的嘴慢慢地蠕動著，粥不斷地從嘴角流出來，流到下巴的鬍鬚上，又順著鬍鬚滴落在他的衣襟上。

喝著喝著，司馬懿突然咳嗽起來，嘴裡的粥噴了出來，不僅噴到他自己的身上，還噴了餵粥的侍女一身。侍女放下手中的碗，拿過毛巾幫司馬懿擦身上的粥。司馬懿嘆了一口氣，閉上眼睛。

李勝看到司馬懿這副樣子，就走上前去對司馬懿說：「太傅，大家都說您的中風病復發了，沒想到您的身體竟這樣糟，我們真替您擔心！」

司馬懿慢慢地睜開眼睛，氣喘吁吁地說：「我老了，又患病在身，活不多久了，我不放心的是我的兩個兒子。你今天來了我很高興，我以後就把兩個兒子託付給你。」說著說著，眼中流下淚來。

李勝連忙解釋說：「太傅不必傷心，我們都盼望著您早日康復呢。我馬上要到荊州赴任，今天特地來拜望您，向您辭行的。」

司馬懿裝糊塗，說：「什麼？你要去並州上任？並州靠近胡人，你去了要加強戒備，防止胡人入侵。」

李勝見司馬懿年老耳聾，連話都聽不清楚了，就重複說：「太傅，我不是去並州，是去荊州。」

司馬懿聽了，故意對李勝說：「你剛去過並州？」

司馬昭湊上前去，大聲對司馬懿說：「父親，李大人不是去並州，而是去荊州。」

「哦，是去荊州，那更好了。唉，我人老了，耳聾眼花，不中用了！」司馬懿對李勝說。

李勝認為司馬懿確實是老病無用了，就站起身來對司馬懿告辭說：「太傅多保重，您的身體會好起來的，以後有機會進京我會再來拜望您的。」說完就離開了太傅府。

司馬懿見李勝走了，就起身告訴兩個兒子說：「曹爽這下掌握了朝政大權，對我他真的放心了，我們就靜候時機，到時再讓他知道我的厲害。」

李勝出了太傅府直奔曹爽府中，見到曹爽，高興地說：「司馬懿人雖活著，卻只有一息尚存，已經老病衰竭，離死不遠了，不值得您憂慮了。」

曹爽聽了，心中大喜，當即把李勝留在府中飲酒慶祝。從此以後，曹爽根本就不把司馬懿放在心上了，更加獨斷專行。

不久，魏少帝曹芳前往洛陽南山拜謁魏明帝高平陵，曹爽以及他的兩個弟弟和心腹一同隨行護駕。

司馬懿見朝中空虛，時機已到，便立即召集昔日部下率兵闖進後宮，逼太后就範，以太后的名義發布詔令閉鎖城門，發動了兵變。

司馬懿派司馬師、司馬昭統領數千禁軍，占領城中要害，解除曹爽的兵權。城中控制後，又派出使者誘降曹爽，並向曹爽保證只要交出兵權，絕不傷害他和家人的性命。曹爽部下力勸曹爽調兵平叛，曹爽猶豫再三，最後投降。

沒過多久，局勢穩定了下來，司馬懿以曹爽大逆不道，圖謀篡位的罪名，將曹爽及其黨羽全部誅殺。

潛規則解讀

為了扳倒曹爽集團，司馬懿可謂費盡了心思，耍盡了手腕：時而推病不出，以退為進；時而詐稱病危，迷惑對方；一旦抓住時機，立即大舉進攻，毫不手軟。為了使曹爽不致起兵對抗，他可以信誓旦旦，保證只要兵權，別無他意；最後則背信棄義，大肆殺戮，踩著政敵的屍骨登上了權力的寶座。他的陰險、狡詐、冷酷、殘忍，實在令人心驚！看到這裡，人們的心目中才有了一個完整的司馬懿形象——一個足智多謀而又陰狠毒辣的封建政治家的典型形象。

佯狂度艱難，伺機登皇位——朱棣靠裝瘋賣傻奪得皇位

「別人笑我太瘋癲，我笑他人看不穿！」瘋子分為三種：裝瘋，真瘋，似真似

假瘋。如果一個人真的瘋了或傻了，肯定不是件好事；可是裝瘋賣傻者則要另當別論。尤其是在決定命運最關鍵的時刻，當自己處於不利境地時，真正聰明的人，為了保護個人生命往往會暫時採取裝瘋賣傻的形式，隱忍求成，最終脫離險境。而最愚蠢的莫過於以卵擊石，不自量力，自取滅亡的人，雖然博得了別人的同情，但注定只會是一個失敗者。

明太祖朱元璋開創大明基業之後，為了加強宗族勢力，除了徐達等幾個異姓人物外，把自己的十四個兒子全部加封為王。西元一三九八年，明太祖駕崩後，因皇太子朱標早死，就由長孫允炆繼位，即建文帝。

朱允炆雖然當上皇帝，但他居安思危，經常擔心皇位不保。這是因為他的叔叔們擁兵自居，不把他這個皇帝放在眼裡，於是建文帝被迫開始了大規模的「削藩運動」，把各位皇叔一個個剪除羽翼，有的流放，有的借機殺掉。最後只剩下燕王和寧王兩個，因其環境特殊，又一時尚未找到藉口，便暫時存留下來。

燕王朱棣是朱元璋的四子，為人驍勇善戰。他也頗感自危，決意伺機行動，只是力量不足，只好暫時忍耐。建文帝也顧慮朱棣擁兵在外，又勇悍多謀，也不敢輕易下手。不久，建文帝以高官厚祿收買了燕王的親信葛誠，令他隨時密報燕王的舉止。葛誠就慫恿朱棣入宮見帝，以釋嫌疑。這無疑是驅羊入虎口，朱棣的軍師道衍力主不去，但朱棣卻說：「此時我能興兵，便當興兵，若不能，不如暫往一行。」因此毅然進京。建文帝本想找個把柄乘機殺掉他，但燕王到京後，處處謹言慎行，又顯得十分馴順，他反而無從下手。一個月後，他只好無奈地放燕王返回燕京。

京城一月，燕王察言觀色，益感危機重重。但此人非等閒之輩，他既不能坐以待斃，也不能貿然造反。大丈夫能屈能伸，眼下他也顧不了身分和名譽，決定實施裝瘋賣傻計謀保護自己，留得青山在，不怕沒柴燒。朱棣把自己裝扮成披頭散髮、身披破衣爛衫的瘋子，一邊狂笑不止，一邊滿街亂跑。跑累了，隨便躺在地上睡覺，家人來要他回家，他就對家人非打即罵。不久，朱棣瘋了的消息在北平城不脛而走，家喻戶曉。

然而，北平城裡有兩人卻不相信朱棣真的瘋了。他們一個叫張苗，一個叫謝貴，都是建文帝派來的便衣。他們肩負建文帝重託，絲毫不敢怠慢，決定親自到朱棣家中偵探。這天，天氣異常炎熱，兩人到朱棣家時，早已汗流浹背，但看到的情景卻讓他們大吃一驚！朱棣身披大皮襖，坐在火爐旁還冷得瑟瑟發抖。他倆急忙上前請安：「王爺，身體可好？」，「你們還沒吃飯？快備酒來！」朱棣故意答非所問。兩人以為朱棣真的瘋了，遂寫了一份密折，報告皇上，說朱棣確實瘋得不輕。於是，建文帝便不再注意燕王了。

可是，朱棣並沒有因此倖免。後來，葛誠密報朝廷，說燕王實是詐病，切勿被他瞞過。於是建文帝決定立即採取行動，密令北平守城副將張信下手捉拿朱棣。

張信一直是燕王的親信，接到密令後十分為難。他的母親知道底細後，則勸他不可忘恩負義。張信就去見朱棣，朱棣仍在裝瘋。張信說：「殿下快不要這樣。有什麼，便對老臣直說無妨。」朱棣說：「我已經病得不行了。」張信便把建文帝的手諭拿出，以實相告。

於是，燕王急招軍師道衍入室，共商救急之計。當晚設宴，預作埋伏，將內奸謝貴及葛誠一併擒住。燕王朱棣憤憤地說：「朝廷出了黃子澄、齊泰兩個小人，他們挑動皇帝殺戮親王，罪該萬死！今天我朱棣被迫起兵，自衛還擊，希望各位全力相助，誅殺兩個奸賊。」眾將齊聲應是。之後，朱棣發動了歷史上著名的靖難之變。

後經過四年征戰，朱棣終於獲勝，登上皇位，定都北平。朱棣就是歷史上的明成祖永樂皇帝。朱棣繼位後，進行大刀闊斧的社會改革，成為一位很有作為的君主。

潛規則解讀

縱觀古史，殷商末期，紂王叔父箕子身居太師之位，曾因紂王無道，力諫不聽，披髮佯狂為奴；春秋戰國時代，孫臏因受龐涓嫉妒迫害，裝瘋賣傻而逃脫；文人名士唐伯虎也曾為避禍而裝癲食汙，可見政治鬥爭之殘酷無情。裝病賣傻，實為韜晦之計的一種，是一種大本領。

不遭人嫉是庸才，常遭人嫉是蠢材
——楊脩恃才傲物招致殺身之禍

不遭人嫉是庸才，常遭人嫉是蠢材。如果只是庸人嫉妒你，那當然沒問題，可問題是如果嫉妒你的人是和你一樣聰明的人呢？又或者是權力在你之上的人呢？他們以嫉妒為動力不斷打擊你，做你的絆腳石，你還能更上層樓嗎？你還能把他們甩開嗎？

三國時期的楊脩，跟隨曹操，在行軍主簿，其人思維敏捷，甚有才名。起初曹操很看重他，可楊脩卻不安分，經常賣弄聰明，令曹操難堪。

有一次建造相府裡的一所花園，才造好大門的構架，曹操前來察看之後，不置可否，一句話不說，只提筆在門上寫了一個「活」字就走了，手下人都不解其意，楊脩說：「『門』內添『活』字，乃『闊』字也。丞相嫌園門闊耳。」於是再築圍牆，改造完畢又請曹操前往觀看。曹操大喜，問是誰解此意，左右回答是楊脩，曹操嘴上雖讚美幾句，心裡卻很不舒服。又有一次，塞北送來一盒酥，曹操在盒子上寫了「一盒酥」三字。正巧楊脩進來，看了盒子上的字，竟不待曹操說話自取來湯匙與眾人分而食之。曹操問是何故，楊脩說：「盒上明書一人一口酥，豈敢違丞相之命乎？」曹操聽了，雖然面帶笑容，可是心裡十分厭惡。

總之，楊脩這個人，最大的毛病就是不看場合，不分析別人的好惡，只管賣弄自己的小聰明。當然，如果事情僅僅到此為止的話，也還不會有太大的問題，誰想楊脩後來竟然漸漸干涉曹操家務事，這就犯了曹操的大忌。

在封建時代，統治者為自己選擇接班人是一件極為嚴肅的卻又忌人參與的事情。

每一個有希望接班的人，不管是兄弟還是叔姪，可說是個個都紅了眼，所以這種爭鬥往往是最凶殘、最激烈的。但是，楊脩卻偏偏在如此重大的問題上不識時務，又犯了賣弄自己小聰明的老毛病。

曹操的長子曹丕、三子曹植，都是曹操準備選擇做繼承人的對象。曹植能詩賦，善應對，很得曹操歡心。曹操想立他為太子。曹丕知道後，就祕密地請朝歌縣長吳質到府中來商議對策，但害怕曹操知道，就把吳質藏在大竹箱內抬進府來，對外只說抬的是綢緞布匹。這事被楊脩察覺，他不加思考，就直接去向曹操報告，於是曹操派人到曹丕府前進行盤查。曹丕聞知後十分驚慌，趕緊派人報告吳質，並請他快想辦法。吳質聽後很冷靜，讓來人轉告曹丕說：「沒關係，明天你只要用大竹片箱裝上綢緞布匹抬進府裡去就行了。」結果可想而知，曹操因此懷疑楊脩想幫助曹植來陷害曹丕，十分氣憤，就更加討厭楊脩了。

還有，曹操經常要試探曹丕和曹植的才幹，每每拿軍國大事來徵詢兩人的意見，楊脩就替曹植寫了十多條答案，曹操一有問題，曹植就根據條文來回答。因為楊脩是相府主簿，深知軍國內情，曹植按他寫的回答當然事事中的，曹操心中難免又產生懷疑。後來，曹丕買通曹植的親信隨從，把楊脩寫的答案呈送給曹操，曹操當時氣得兩眼冒火，憤憤地說：「匹夫安敢欺我耶！」

又有一次，曹操讓曹丕、曹植出都城的城門，卻又暗地裡告訴門官不要放他們出去。曹丕第一個碰了釘子，只好乖乖回去，曹植聞知後，又向他的智囊楊脩問計，楊脩很乾脆地告訴他：「你是奉魏王之命出城的，誰敢攔阻，殺掉就行了。」曹植領計而去，果然殺了門官，走出城去。曹操知道以後，先是驚奇，後來得知事情真相，愈加氣惱。

曹操性格多疑，深怕有人暗中謀害自己，於是謊稱自己在夢中好殺人，告誡侍從在他睡著時切勿靠近他，並因此而故意殺死了一個替他拾被子的侍從。可是當埋葬這個侍者時，楊脩悵然嘆道：「丞相非在夢中，君乃在夢中耳！」曹操聽了之後，心裡愈加厭惡楊脩，於是開始找機會要除掉這個不知趣的傢伙了。

不久，機會終於來了，建安二十四年（西元二一九年），劉備進軍定軍山，老將黃忠斬殺了曹操的親信大將夏侯淵，曹操率大軍迎戰劉備於漢中。誰知戰事進展很不順利，雙方在漢水一帶對峙，使曹操進退兩難，要前進害怕劉備，要撤退又怕遭人恥笑。一天晚上，心情煩悶的曹操正在大帳內想心事，此時恰逢廚子端來一碗雞湯，曹操見碗中有根雞肋，心中感慨萬千。這時夏侯惇入帳內問夜間號令，曹操隨口說道：「雞肋！雞肋！」於是人們便把這句話當作號令傳了出去。行軍主簿楊脩即叫隨軍收拾行裝，準備歸程。夏侯惇見了便驚恐萬分，把楊脩叫到帳內詢問詳情。楊脩解釋道：「雞肋雞肋，棄之可惜，食之無味。今進不能勝，退恐人笑，在此何益？來日魏王必班師矣。」夏侯惇聽後，非常佩服他說的話，營中各位將士便都打點起行裝。曹操得知這種情況，差點氣壞心肝肺，大怒道：「匹夫怎敢造謠亂我軍心！」於是，喝令刀斧手，將楊脩推出斬首，並把首級掛在轅門之外，以為不聽軍令者戒。

潛規則解讀

俗話說得好：「不遭人嫉是庸才，常遭人嫉是蠢材。」楊脩智慧超人，卻因過於自負，不給曹操留一點面子，而喪了性命，這是每一個在官場中想以「聰明」博得上司歡心的下屬應該吸取的一條教訓。曹操的「雞肋」、「一盒酥」及門中的「活」字等，都是一種普通的智力測驗，是一種文字遊戲。他的出發點並不是真為了出題測試大家，而是為了賣弄自己的超人才智，因此，他主觀上並不希望有誰能夠點破，只想等人來請教。在這種情況下，哪怕你猜到了，也只能含而不露，甚至還要以某種意義上的「愚笨」去襯他的「才智」。但是，楊脩卻毫不隱諱地屢屢點破了曹操的迷局，因此賠上了自己的性命也就是意料中的事了。這就告訴我們：身在官場，千萬不可處處一味表現自己，放任自己，無視上司的自尊心和心理承受能力，鋒芒畢露，咄咄逼人，這必然會招來上司的忌恨，引火焚身。

第三章　懂方圓——剛柔並濟好用權

捆硬柴用軟繩——段秀實以柔克剛平騷亂

俗話說，滴水可以穿石，柔竹能敵強風。在不能直接採用強硬手段時，不妨來個綿力相迎，以柔克剛，抓住對方要害，迫其就範。

西元七六四年，在唐王朝剛剛平定安史之亂後，僕固懷恩卻又在北方糾眾反叛，屢屢攻城奪野。唐代宗只得令聲望卓著的郭子儀為副元帥，率軍平叛。郭子儀令其兒子郭希以檢校尚書的身分兼行營節度使，屯兵在分州。這時分州地方的一些不法青年，紛紛在郭希的名下掛名，然後以軍人的名義大白天就在集市上橫行不法，為所欲為。要是有人不滿足其要求，即遭毒打。分州節度使白孝德因懼怕郭子儀的威名和權勢，對此提都不敢提一下。白孝德的下屬徑州刺史段秀實則感到事關唐朝安危和郭子儀的名節，於是毛遂自薦請求處理此事。白孝德求之不得，立即下文，令他代理軍隊中的執示官都虞侯。

段秀實到任不久，郭希軍隊中就有十七名士兵到集市上搶酒，刺殺了釀酒的工人，打壞了酒場許多釀酒器皿。段秀實便立即差遣士卒把他們全抓來，砍下他們的腦袋掛在長矛上，立於集市示眾。

郭希軍營中的士兵全部為之騷動，全都披上了盔甲，準備去找段秀實算帳。段秀實解下了身上佩的刀，選了一個年老行動不便的人幫他牽著馬，徑直來到郭軍營門口，披甲的人正好都出來了。段秀實一邊笑著一邊往裡走說：「殺一個老兵，為什麼還要披甲武裝起來？我頂著我的頭顱來了。」披甲的士兵為他的大膽感到十分驚愕。

不久，郭希出來了，段秀實對他說：「郭子儀副元帥的功勞充滿在天地之間，現在您放縱您的士兵做殘暴之事，如果因此而使天子的邊境地區發生動亂，這要歸罪於誰呢？如果出了這種動亂，罪過就將牽連到副元帥了。現在州內的不法青年，在軍隊的花名冊上掛上了名，殺害老百姓如此之多，別人都說『郭尚書憑著副元帥的勢力，不管束自己的士兵』。要是這樣下去，那麼郭家的功名還能存在多久呢？」

郭希本來對段秀實自作主張捕殺他的士兵心存不滿，對於士兵的激憤情緒也聽之任之，想借機教訓教訓段秀實，也想看看段秀實有多大能耐。現在見段秀實完全不作防備地闖進軍營，又聽段秀實這麼一說，馬上覺得段秀實完全是為保護郭家名譽才這樣做的，一改原來的強硬態度，反而覺得對弱小的段秀實有必要加以保護，以免被手下人因激憤而妄殺。他趕緊對段秀實拜了又拜，說：「多虧您的教導。」喝令手下人解除武裝，不許傷害段秀實。

段秀實為讓郭希下定決心管束軍隊，乾脆「軟」到底，說：「我還沒有吃晚飯，肚子餓了，請為我備飯吧。」吃完飯後又說：「我的舊病發作了，需要在您這裡住一宿。」這樣，段秀實竟在只有一老頭守護的情況下，在充滿殺機的軍營中睡了一宿。

郭希表面上雖然答應了段秀實的要求，但又怕憤怒的軍人殺了這個不作抵抗且又有恩於己的朝廷命官，心裡十分緊張。於是一面申明嚴整軍紀，一面告訴巡邏值夜的士卒嚴加防範，借打更之便確實保衛段秀實的安全。

第二天，郭希還同段秀實一起到白孝德處謝罪，大軍由此整治一新。

潛規則解讀

對付奸臣逆子和不遵法紀之徒，泰山壓頂，一舉全殲當然是最理想的方法。然而在封建王朝，通常這些奸臣逆子不是有滔天權勢就是背後有很大的靠山，如果輕舉妄動一味地以硬對硬，那無疑是以卵擊石，自取其辱。而這時最好的方法就是一味地以綿相迎，綿裡藏針，抓住對方的要害後，再直搗黃龍，讓其主動就範。

在歷史上幾乎沒有任何名氣的小官段秀實在這一方面就做得很好，以維護郭家名節為重心，先斬後奏，態度柔軟卻軟中帶硬，最終不僅達到了想要的結果，而且使自己毫髮無損，確實是高明至極。

往對手臉上「貼金」——寇準「誇」走王欽若

有奸臣在一旁指手畫腳，胡亂干涉，忠臣要做成一件事往往是很難的，而要想將其趕走也絕非易事，一方面要讓其無話可說，無法反駁，另一方面還要讓皇帝老大能接受。這時最好的方法之一就是往奸臣臉上「貼金」，把其調到權力中心的周邊去，北宋名臣寇準在這一方面就做得很好

宋真宗時的王欽若是有名的奸相，為人陰險奸詐，而又善於逢迎獻媚，深得真宗信任。他常常在真宗面前進讒言，中傷其他正直的臣子。而被中傷者卻為他的假心假意所蒙蔽，多數不知自己已被他所中傷。

契丹逼近南宋時，王欽若藉口局勢危急，力勸宋真宗向江南逃跑，到他的老家

去建立小朝廷。這時寇準以其驚人的膽識和指揮若定的雄才，重挫王欽若的逃跑主張，力勸真宗御駕親征，直抵前線。由於王欽若也跟隨真宗到了前線，仍舊在真宗面前左一句，右一句，事事掣肘寇準，干擾他抗擊契丹的軍國大計，所以寇準一直在尋找機會，想把王欽若這個奸相從真宗身邊趕走，以清君側。

有一天，真宗正在為人事安排苦惱。他對寇準說：「現在，契丹直逼城下，天雄軍被隔絕在敵後。天雄軍若有不測，河朔全境便會淪入敵手。你看，該讓誰去鎮守天雄軍呢？」寇準回答說：「當前這種形勢下，沒有什麼妙計可施。古人說，智將不如福將。參知政事王欽若仕途順利，長得白白胖胖，真是福星高照。讓這樣一位有名的福將去鎮守天雄軍的話，定會吉人天相，可保萬無一失。」

真宗歷來看重王欽若，今天難得寇準也這樣看重他，心中特別高興，便欣然同意寇準的意見，命令寇準草擬詔書，通知王欽若上任。當寇準把真宗的旨意傳達給王欽若時，王欽若嚇得臉色慘白，說不出話來。他原本是個膽小鬼，只會溜鬚拍馬，挑撥離間，哪有深入敵後去固守孤城的本領？此去定是白白送死。

寇準見他可憐兮兮的模樣，便對他說：「國家危急，皇上親自掛帥出征，你是皇帝一貫倚重的執政大臣，現在正宜體貼皇上心意，為國效力。」並說，「護送你上任的部隊已經集合待命，皇上指示免去了上朝告辭的禮節，讓你馬上出發，不可耽誤軍機。」說罷，舉杯為王欽若餞行，祝他早日凱旋歸來。

王欽若沒法，只得硬著頭皮到天雄軍去上任。他到駐地一看，滿眼全是契丹兵，王欽若哪有退敵良謀，只好堵死城門，固守待斃。

趕走了王欽若，大宋軍隊上下齊心，一致對敵，迫使契丹退兵求和，解除了宋朝開國以來最大的一次軍事危機。天雄軍也因契丹撤軍而得以解圍。

潛規則解讀

忠臣的一大要務就是幫助皇帝除去身邊奸臣，也就是所謂的「清君側」。但是，那些奸宦權臣往往不是輕而易舉就可以除去的，因為他們都常在皇帝的身邊，多得皇帝的寵愛，狐假虎威，你如果輕易去打擊他們，就很可能冒犯皇帝，不但不會成功，而且還會帶來殺身之禍。這時，有些比較聰明的忠臣就懂得用以柔克剛的方法為君清側，比如寇準就把這一點用得很好。他偽裝成欣賞王欽若的樣子，在真宗面前大力推薦王欽若，卻在不知不覺中將王欽若這個大奸臣推到困境，使其不能在真宗面前說三道四，影響戰局。雖未能將其除掉，但也是大功一件了。

恩威兼施——朱博巧用惡棍屬下

為官者，必須懂得恩威並用，做好兩個準備：其一是幫助下屬，對其施恩，贏得他的尊重與感激；其二則是面對不太聽話，經常犯錯的下屬，不能聽之任之，要拿出殺手鐗，建立威信，這樣才能使下屬心服口服。

《韓非子》中有個有趣的故事：魯國有個人叫陽虎，他經常說：「君主如果聖明，當臣子的就會盡心效忠，不敢存有二心；君主若是昏庸，臣子就敷衍應酬，甚至心懷鬼胎，表面上虛與委蛇，然而暗中欺君而謀私利。」陽虎這番話觸怒了魯王，他因此而被驅逐出境。陽虎跑到齊國，齊王對他不感興趣，他又逃到趙國，趙王十分賞識他的才能，就拜他為相。近臣向趙王勸諫說：「聽說陽虎私心頗重，怎能用這種人處理朝政？」趙王答道：「陽虎或許會尋機謀私，但我會小心監視，防止他這樣做，只要我擁有不至於被臣子篡權的力量，他豈能得遂所願？」趙王在一定程度上始終控制著陽虎，使他不敢有所逾越；陽虎則在相位上全力施展自己的抱負和才能，終使趙國威震四方，稱霸於諸侯。

與上面故事中趙王的用人方法相類似的還有漢代的朱博，其人雖為手無縛雞之力的一介書生，卻能剛柔並濟，順利地制服了地方上的邪惡勢力，一時被傳為美談。

在長陵一帶，有個大戶人家出身的人名叫尚方禁，年輕時曾強暴別人家的妻子，被人家用刀砍傷了臉頰。如此惡棍，本應重重懲治，只因他大大地賄賂了官員，而沒有被革職查辦，最後還被調升為守尉。

有人向朱博告發了此事。朱博覺得太無法無天了，就找了個藉口召見尚方禁。尚方禁見新任長官突然召見，心中七上八下很不安，也只好硬著頭皮來見朱博。朱博仔細看尚方禁的臉，果然發現有疤痕。朱博就將左右退開，假裝十分關心的樣子問尚方禁：「你這臉上的傷痕是怎麼搞的呀？」

尚方禁做賊心虛，知道朱博已經了解了他的情況，心想這下肯定完蛋了，就像小雞啄米似的接連給朱博叩頭，嘴裡不停地說道：「小人有罪，小人有罪。」

「既然知道自己有罪，那就老老實實講出來！」

「是，是。」尚方禁如實地講了事情的經過。朱博將自己聽到的與之相比較，覺得大致相差不遠。他用兩眼嚴厲地逼著尚方禁，嚇得尚方禁頭也不敢抬，只是哀求道：「請大人恕罪，小人今後再也不做那種傷天害理的事了。」

「哈哈哈……」朱博突然大笑道，「男子漢大丈夫，本是難免會發生這種事情的。本官想為你雪恥，給你個將功補過的機會，你願意效力嗎？」

尚方禁開始被朱博的笑聲嚇得身上直起雞皮疙瘩，心想這下要倒大楣了，但聽著聽著，終於放心下來。朱博剛說完，他又是撲通一下跪倒在地：「小人萬死不辭，一定為大人效勞。」

於是，朱博又用好言安慰了一番，命令尚方禁不得向任何人洩露今天的談話情況，要他有機會就記錄一些其他官員言論，及時向朱博報告。尚方禁已經儼然成了朱博的親信、耳口了。

自從被朱博寬釋重用之後，尚方禁對朱博的大恩大德時刻銘記在心，所以，做起事來特別賣命，不久，就破獲了多起盜竊、強暴等案件，工作成效顯著，使地方治安情況大為改善。朱博遂提升他為連守縣縣令。

又過了相當一段時期，朱博突然傳令召見那個當年受了尚方禁賄賂的官員，對他進行嚴厲訓斥，並拿出紙和筆，要那位官員把自己受賄的事通通寫下來，不能有絲毫隱瞞。

那位功曹早已嚇得像篩糠一般抖著，只好提起了筆，準備寫下自己的斑斑劣跡。

「記住！如果有半句欺騙的話，當心你的腦袋搬家！」朱博又大吼了一聲。

這一聲不打緊，只聽咚的一聲，毛筆從那位官員的手中滑落了下來。那位官員早已知道朱博辦事說到做到，是一位不好惹的上司。他連忙彎腰一邊撿筆，一邊說：「小人一定依照大人指示，如實坦白。」

由於朱博早已從尚方禁那裡知道了這位官員貪汙受賄，為奸為賊的事，所以，看了官員寫的交代資料，覺得情況大致跟自己的見聞符合，就對他說：「你先回去好好反省反省，聽候裁決。從今後，一定要改過自新，不許再胡作非為！」說完，就拔出刀來。

那官員一見朱博拔刀，嚇得兩腿一軟，又是打躬又是作揖，嘴裡不住地喊：「大人饒命！大人饒命！」

只見朱博將刀晃了一下，一把抓起那位官員寫下的罪狀，三兩下，將其裁成紙屑，扔到紙簍裡了。

「我的媽喲！」那位官員早已嚇得魂飛魄散，以為刀已到了脖子上。一看這種情景，他簡直有點不相信自己的眼睛，還伸手朝自己的脖子上摸了一下：腦袋果然還在！

「你出去吧！還是繼續去當你的官員。」這位官員如獲大赦，一步一拜地退了出去。

自此後，這位官員終日如履薄冰、戰戰兢兢，工作起來盡心盡責，不敢有絲毫懈怠。

潛規則解讀

經過仔細分析，我們不難發現，朱博收服尚方禁和官員之所以能取得全面的成功，主要是靠了兩種手段，即厚黑學中所謂的厚與黑。首先說厚，雖然朱博心裡極為厭惡尚方禁和功曹，但表面卻絲毫看不出來，讓對方不敢亂耍無賴；其次說黑，照道理講，朱博既然已經使尚方禁和功曹自認罪行，就應該可以將其繩之以法，然而朱博卻沒有那麼做，在厚黑並用產生效果後，他又充分發揮了小人的特長，以小人去打擊小人，監視自己的政敵和下屬，這比將其白白的「炒掉」確實要好很多。

江山是「哭」出來的——李從珂用眼淚收買人心

用眼淚收買人心、挽救危局的高人在古代不在少數，最具代表性的無疑就是劉備了，有句俗話這麼說，劉備的江山——哭出來的，這雖然有誇大的成分，但亦可見眼淚的確有神奇的功效。而在五代十國時期，有一位皇帝，他的江山真的是哭出來的，這位皇帝就是後唐末帝李從珂。

五代十國時期，後唐明宗李嗣源死後，閔帝李從厚繼位，李從厚性格優柔寡斷，他重用朱弘昭和馮斌二人掌握朝廷大權，這兩個人一無威望，二無才幹，只知道為了穩固自己的權勢排擠異己，眾人敢怒不敢言。朱、馮二人更害怕在鳳翔領兵的李從珂，李從珂的功績讓他們心裡不安。

李從珂原姓王，鎮州平山（今河北正定縣）人，父親早亡。少年時，有一次李嗣源帶兵打仗路過他家，見他母親生得頗有姿色，就擄走做了自己的侍妾，順便也收他為養子，改名李從珂。

李從珂自少年時代就跟隨李嗣源征伐，他作戰勇猛，出生入死，後唐李嗣源部中所有將領數他戰功最大，其次才是石敬瑭。當年李嗣源為後晉莊宗李存勗手下先鋒大將，帶兵進入開封，滅掉後梁時，李存勗對他說：「吾有天下，卿父子之功也，天下與爾共之。」這個「父子」便是指李嗣源和李從珂兩人。

故此，朱弘昭和馮斌認為自己的名望、功勞均比不上李從珂，所以對他十分疑忌。李從珂也對他們有了戒備，經常稱病，不去朝廷。

李從厚也怕李從珂威脅自己的皇位，加上朱、馮二人在一旁煽風點火，也就開始採取措施抑制李從珂。先是將李從珂在京的兒子李重吉貶出京城，到邊遠的亳州（今安徽亳縣）任團練使，又將李從珂一個當尼姑的女兒李惠明召入宮做了人質。然後聽從了朱、馮的計謀，讓洋王李從璋做鳳翔節度使，取代李從珂，讓李從珂到河東任節度使。這幾項措施最後將李從珂逼反了。

因為河東雖然是個好地方，但是李從珂跟河東的人不熟，離開了鳳翔這個根據地，就等於把自己放在一個任人宰割的地方。李從珂當然是不能答應的。不答應能怎麼辦，他開始和手下商議，手下也希望李從珂能成大事，李從厚當皇帝他們一點好處也沒有；李從珂如果能稱帝，他們也能跟著雞犬升天，何樂不為，於是勸李從珂起兵清君側，說：「皇帝是個不懂事的小孩子，大事都由朱弘昭和馮斌做主，這兩個人最奸詐，常想著要害大王。如果大王不早動手，悔之晚矣！」李從珂於是一狠心，決定起兵叛亂。

當天夜裡，李從珂讓人起草了檄文散發到各地，以清君側除奸臣為名，請求各節度使共同出兵攻打，殺掉朱弘昭等人。

哪知道，李從厚提前得到了消息，命王思同領兵來討伐，王思同集結各路兵馬圍攻鳳翔城。鳳翔城本來就不是什麼重鎮，城牆很低，外面的護城河也很窄，水也淺，無法固守。在朝廷重兵的大力攻擊下，東西關的小城先後失守，李從珂的部屬傷亡很大，再打下去，城池難保。李從珂站在城頭上，焦急萬分，恨自己沒有早點防備，以致今天要落個身首異處的下場。

望著城下的攻城將士們，李從珂不停地思考著對策，猛然間，他腦中靈光一閃，因為他突然看到，城下的將領和士兵大多是他以前的部下，和他共過生死，這是可以利用的。這下子李從珂隱約看到了一線生機。

他登上城樓，將身上衣衫脫下，指著身上的傷疤，哭著對城外的軍士說：「我不到二十歲就跟隨先帝出征，四處奔走，出生入死，毫無怨言，創傷遍身都是。你們大家和我一同跟隨先帝四處征戰的也很多，也為國家社稷的復興立下了功勞。而現在朝廷卻由奸臣當政，對我妄加猜測陷害，你們大家都知道我，了解我，我以前對你們如何，你們心裡也清楚，為什麼還要被奸臣利用，替他們殺自己的朋友呢？朝廷聽信讒言，說我謀反，要置我於死地，你們又怎麼忍心看我們骨肉相殘，不肯救一救呢？我有什麼罪啊？今天竟落到這個地步。」李從珂哭到傷心之處，靠在城牆的垛口上哽咽地有氣無聲。

城外那些將士聽了十分傷感。羽林指揮使楊思權趁機大聲叫喊：「潞王大相公，是我主也。」隨即率領所部將士解去鎧甲，丟掉兵器，向李從珂投降，他帶領部下從西門入城，寫了一張紙條遞給李從珂說：「希望大王攻克京城的時候，委任我當節度使，不要讓我當防禦、團練這樣的職務。」李從珂立即寫了個「楊思權可任節度使」的字條還給了他。

楊思權於是領兵從西門進入城中，聽候李從珂調遣。聽到西門歸附的消息，指揮攻打東門的都指揮使尹暉也率軍從東門而人，歸附李從珂。歸附的將士接連不斷，外面攻城的其他部隊都被擊退了。為答謝眾將士救難之恩，李從珂又在城中徵集財物賞賜他們。

李從珂哭計成功，馬上領兵殺出鳳翔城，王思同的僅有兵馬不堪一擊，迅速被李從珂打敗。李從厚聽說李從珂將要殺到，匆匆逃離京城，想去魏州，但大臣們誰也不肯同行，只有五十名侍衛跟隨左右。半路上遇到了姐夫石敬瑭，石敬瑭不願意救這個大勢已去的小舅子。李從厚的一個親隨由於不滿石敬瑭的勢利行為，抽刀要殺石敬瑭，結果被石敬瑭的侍衛殺死。石敬瑭索性將李從厚的侍衛全部殺死，對李從厚還算手下留情，將他幽禁起來，後來李從珂稱帝了，才殺掉他。

潛規則解讀

要知道，每個人都有惻隱之心，當求人幫忙時，只要打動這種惻隱之心，就可以贏得他人的幫助。而眼淚則是這種打動他人惻隱之心的最好方法。這個法則在官場中也是非常管用的。

揣著明白裝糊塗——謝安用緩兵計拖死桓溫

在封建官場中，經常會遇到一些非常棘手的情況。有的事本不該辦，但又不能嚴詞拒絕，拒絕則易招禍；如馬上去辦，則既損害國家利益，也不利於保全自己的名節，這時只好採用應而不辦的緩兵計。晉代名臣謝安在對待桓溫無理請求時用的即是此術。

桓溫字元之，是晉明帝司馬紹的女婿。桓溫素有雄才大略，曾任安西將軍、荊州刺史，都督荊、梁等四州軍事等職。永和三年（西元四三七年）率軍入蜀，滅成漢政權，聲威大震，進位為征西大將軍。永和十年（西元三五四年）統兵出關中進攻前秦，並於兩年後收復洛陽。其後又曾北伐前燕，不過這次卻是大敗而歸。但桓溫由於三次北伐，已經牢牢控制了兵權。在古代，每當政局不穩之時，誰控制武裝力量誰便可主宰一切。在這種情況下，桓溫開始專權擅政，左右朝綱，為顯示自己的實力，竟於太和六年十一月己酉日（西元三七二年一月八日）將皇帝廢掉，可見其威勢到何等程度。原皇帝叫司馬奕，本無大過，桓溫為顯威權，以其有陽萎之病沒有生育能力這種無從證實的床頭隱祕之罪將其廢去，改封為海西公。桓溫從當月癸卯（陽曆一月二日）之日始從姑孰（今安徽當塗）返京師，於丁未日（陽曆一月六日）到建康上疏褚太后請廢帝，至己酉日（陽曆一月八日）即廢去一帝，前後才用一周時間。群臣唯唯諾諾，連大氣都不敢出。

廢帝之後，桓溫更加趾高氣揚，對文武公卿頤指氣使，誰也不敢稍有異辭。桓溫緊緊控制兵權，擅權如故。

兩年之後。寧康元年（西元三七三年）二月，桓溫帶全副武裝的衛隊入朝。孝武帝司馬昌明傳旨讓吏部尚書謝安、侍中王坦之到新亭（今江蘇江寧縣南）去迎接。當時人心惶惶，有的傳言說桓溫此次入京是要誅殺王、謝諸大臣，然後篡晉自立。王坦之非常害怕，謝安卻從容鎮定，神色泰然地說：「晉祚存亡，決於此行。」於是二人帶領文武百官前去迎接。

桓溫到達新亭，百官跪拜道旁。桓溫盛陳兵衛，刀槍劍戟交相輝映，武士們個個精神抖擻，如臨大敵。桓溫先命眾官免禮，然後步入新亭，召見百官。當時，稍有名望的人都膽戰心驚，王坦之後脊梁的汗已沾溼內衣，進見時把笏板都拿倒了（古代夠級別的官員上朝或參加重要會議時都拿著笏板，笏板上還有一支裹著紫皮的白筆。此板可用來記錄。），這足以見桓溫的威勢。只有謝安神色自若，入席而坐。桓溫先見眾人的惶恐神態，更覺氣盛，越發目中無人了，但見謝安舉措有禮有節，暗自吃驚，忙以禮相見。謝安進室時已用眼睛的餘光發現桓溫室外左右壁中都有人影，便不卑不亢地問桓溫說：「我聽說有道的諸侯，四方自有守護者，明公你現在於壁後藏著這些人做什麼呢？」桓溫笑著說：「你說的有道理啊。」說著命令將左右壁後的兵士撤去。謝安坦然相處，與桓溫談笑風生，群臣情緒稍安。正因謝安的舉動令桓溫折服，王坦之等大臣又盡心國事，桓溫此次入朝才未敢有非分之舉，於三月十四日返回姑孰。

桓溫回姑孰後，身體漸覺不適。到六月分病勢漸重，於是他就想在死前獲得最高的榮封，便派人到朝廷請加自己九錫之禮。其實，他也明白，朝廷中的政務取決於謝安、王坦之二人，所以，他派的人直接去見謝安、王坦之。

加九錫是古代帝王賜給建有大功或有權勢的諸侯大臣的九種物品。據何休的《公羊傳》注，一錫車馬，再錫衣服，三錫虎賁，四錫樂器，五錫納陛，六錫朱戶，七錫弓矢，八錫斧鉞，九錫秬鬯。後來，權臣在篡位之前，慣例是求加九錫，曹操就曾這麼做過，所以加九錫幾乎成為權奸篡位的暗號，一般是不能允許的。

謝安見過桓溫派的來人之後，當即答覆同意桓溫的要求，馬上責成專人起草詔書，並告訴他用袁宏執筆。來人滿意返回報告桓溫，桓溫心中大悅，靜待佳音。

袁宏是當時朝中著名的才子，尤其撰寫詔書最合體式，文筆嫺熟，才華橫溢，下筆立就。他把文章拿給王坦之看，王坦之連連讚美其文辭之華麗。但當他把原稿交給謝安去看時，謝安多處塗改，並批示讓他重寫。袁宏寫此類文字從未遇到這種情況，但沒有辦法，只好重改。交上之後謝安又批覆命他重改，連續往復五六次也未寫成，時間已過去半個多月。袁宏有些糊塗了，就去問王坦之。王坦之想了一想，說如此看來，可能是謝安有意這樣做的，聽說桓溫病情日重，將不久於人世。袁宏這才明白，自然不著急了。

桓溫在耐心等候消息，已過十天卻毫無動靜，聽說在修改草稿，雖著急，又不好發作，病勢卻越來越重，當到彌留之際時，方悟出自己上了謝安的當，但一切都晚了，想要發兵已沒有可能了，只好把兄弟桓沖找來，囑罷後事，便兩眼一閉，一命嗚呼了。這一天是寧康元年七月己亥日（西元三七三年八月十八日）桓溫病重求加九錫，謝安如當時不答應，桓溫有可能發兵進京，不但朝廷震恐，謝安的腦袋恐怕也要保不住。故他即刻答應，馬上安排人去辦，用假象來穩住桓溫，但如果很快就辦成，那麼謝安便會遺譏後世，因桓溫功德不配此殊榮，故其採取緩兵之計，反覆駁批以拖延時間，終於拖死了對方。

潛規則解讀

遇到棘手情況時，可採用應而不為的拖延策略，既不會惹出禍亂，也可以保全自己的名節，可謂是一舉兩得。

第四章　善借力——他山之石可攻玉

狼狽是一家——盧杞援惡助己陷忠良

宦海風雲變幻莫測，聰明為官者，多善於依靠他人力量，借力使力，不露聲色，自己不用出手就輕而易舉地擊敗對手，才是高明手段。

盧杞，其祖父盧懷慎是唐玄宗時的名相，其父盧奕曾任御史中丞。盧杞憑藉父輩勢力步入仕途，曾任大理評事、監察御史等。盧杞相貌醜陋，面色青藍，人們皆視之為鬼，但此人善於言辭，為官也不講奢侈，再加上其先祖先父的聲望，起始在朝野內外聲譽頗嘉，很多人認為其繼承了先祖先父的作風。

唐德宗建國二年（西元七八〇年），盧杞被任命為平章事（宰相位）。

盧杞被任命為平章事不久，便露出他的陰險狡詐的本性來，他嫉賢妒能，排斥忠良，對於不順從自己的人，必定置其於死地而後快。為了鞏固自己的地位，他積極拉攏對自己有利的人，並利用他們除去自己的政敵，藉以建立自己的威望，形成自己的勢力。

當時和他同為宰相的楊炎素有才能，頗有政績。楊炎成功地推行了兩稅法制度，為唐王朝積蓄了大量的錢財，在朝廷中威望非常高。楊炎一向看不起盧杞，認為他沒有什麼才幹卻與自己同列相位，而且面目可憎，因此心裡很不舒服。盧杞祕密查出楊炎下屬中書官員的過失，就私自將他降職，楊炎大為惱怒：「中書官員是我的屬下，有過失我自己會處置的，哪輪得到你來插手？」由此兩人結怨更深，盧杞更是密謀想要除去楊炎這個絆腳石。

盧杞派人暗中調查楊炎的過失，不久就查出兩件：一件是玄宗時，宰相蕭嵩的家廟建在曲江池（現今西安市）邊，玄宗認為曲江池是遊樂之地，不能建有廟堂之類，強令蕭嵩搬走。楊炎任相後，卻把自己的家廟建在那裡。另一件是楊炎在洛陽有一處宅院，後來以高價賣給官府作為官舍使用。盧杞查出楊炎的過失，心中十分高興，又積極尋找怨恨楊炎的人陷害楊炎，因為他不想為自己留下排除異己的壞名。後來他得知京兆尹嚴郢曾受到楊炎排擠，就找到他，提拔他為御史大夫。

嚴郢為了報答盧杞的知遇提拔之恩，就向德宗報告說楊炎利用職權謀私利，在賣給官府的宅院中牟取暴利。大臣不知底細，議論紛紛：「作為監督百官的宰相，居然做這種勾當，應該賜死！」盧杞趁機對德宗進言：「蕭嵩家廟所在地有帝王的氣勢，因此才被玄宗趕走。現在楊炎把自己的家廟建在那裡，有篡位謀叛的陰謀，不可以輕視。」德宗對楊炎素來不滿，便將楊炎罷官，流放至崖州（海南瓊山），後來在盧杞的煽動下，德宗派人吊死了他。

楊炎的失敗初看起來是他過於妄大，瞧不起盧杞，但事實上關鍵還在於楊炎的相位。不除楊炎，盧杞就上不去。而楊炎的不得人心，是他失敗的根本原因，盧杞正是抓住了這個「大勢」，拉攏指使奸信將其陷害，這是其強大之所在，也是其聰明之所在。

顏真卿是琅邪臨沂（山東臨沂）人，當時任太子太師，素來忠義正直，敢於直言進諫，在朝中德高望重。盧杞非常忌恨他，擔心他會把自己的過失報告給皇帝，因此總想把他擠走。

顏真卿察覺此事，對盧杞說：「我在平原當太守時，安祿山的部將在洛陽殺害了你父親，並派人挑著尊父的頭顱到處遊行，路過我平原境時，被我抓到。我素慕尊父高義，親自舔乾上面的血跡，用棺材埋葬了他。那時我對尊父仁義至盡，難道你就不能容忍我？」盧杞很驚愕，連忙拜謝，但心裡更恨顏真卿。

建中四年（西元七八三年），淮西節度使李希烈叛亂，攻陷汝州（河南臨汝），德宗向盧杞問退敵之計。盧杞說：「如果派一名學識淵博、德高望重、氣派雍容的大臣去，對李希烈講明是非利弊的道理，就可以不派軍隊討伐而大獲全勝。太子太師顏真卿是三朝元老，忠義正直，是難得的人選啊！」表面上這番話說得冠冕堂皇，完全是為了迅速平叛，絲毫沒有陷害顏真卿之意，因而不辨忠奸的德宗皇帝完全聽從了他的意見，但朝中有識之士均已看出這是盧杞的借刀殺人之計，於是有人勸告顏真卿：「你這一去必然會遇害，最好暫且留下來，看朝廷會不會有新的平亂措施。」

顏真卿也知道自己是被盧杞陷害，但他素有氣節，故沒有接受勸告，依然奉詔到李希烈駐地，向李希烈宣讀詔書。李希烈讓手下的親信一千多人圍住顏真卿謾罵恐嚇，有人甚至拔刀要殺他，但顏真卿面不改色，鎮定自如。李希烈又派人遊說他做自己的宰相，顏真卿嚴詞拒絕。後來顏真卿終為叛軍所殺，時年七十七歲。

潛規則解讀

借力打力，借刀殺人，盧杞的伐異之謀可謂是「巧妙絕倫」，既剷除了政敵，又不露聲色，維持了自己的聲譽，實在是一舉多得。

論才能及忠心，楊炎和顏真卿無疑都要高出盧杞很多，他們之所以會在這場「鬥智」中敗下陣來，身死名裂，前者最大的原因在於恃才傲物，目中無人，過於蔑視盧杞這種小人，對其沒有提防之心；而後者則在於過於「愚」，想保身卻不懂保身之道，以為曉之以恩情便能讓其不再有謀害之心，殊不知，這正是與虎謀皮。這些奸詐小人為的只是權勢，若不能與其同流合汙，又有重權在手，是他們「前進」的絆腳石，他們又怎麼可能對你手下留情呢？

扯著老虎尾巴抖威風——曹操挾天子以令諸侯

中國歷朝歷代都累積了豐富的政治歷史經驗，其中固然不乏成功的經驗，但是把「虛偽」二字運用得爐火純青，不知能否算到成功的歷史經驗之列。不過，虛偽之術確實幫了統治者不少的忙，為他們沽名釣譽、鞏固權勢立下了汗馬功勞，曹操挾天子以令諸侯就是其中的典型。

東漢末年，董卓死後的第二年，即建安元年七月，漢獻帝在董承、楊奉、張楊、韓暹等人的保護下回到了洛陽。他拜張楊為大司馬、楊奉為車騎將軍、韓暹為大將軍，讓他們跟董承、楊彪共同執掌朝政。這樣，漢獻帝和他的小朝廷，總算暫時安定下來了。

那時候，洛陽的宮殿早已被董卓燒光。張楊派人修復幸南宮，讓漢獻帝暫時在這裡上朝。文武百官沒有住的地方，便利用殘垣斷壁搭設草棚或支帳篷，在裡面安身。漢獻帝下詔向各地徵調糧食，各地的軍閥都忙著打仗，對詔令置之不理。張楊從河內調來一批糧食，數量太少，也無濟於事。因此，公卿大臣自尚書郎以下，都去挖野菜充肌。董承眼看著餓死人的事不斷發生，只好給兗州刺史曹操寫信，請他到洛陽來想辦法。

曹操，字孟德，小字阿瞞。他祖上本姓夏侯，只因為他父親夏侯嵩做了中常侍曹騰的養子，才改姓曹氏。曹操年輕時，曾擔任濟南相和東郡太守。漢靈帝設置西園八校尉的時候，他做典軍校尉。後來，曹操又追隨袁紹參加對董卓的討伐。「關東軍」失敗後，曹操占據了淮陽，自立為東郡太守。初平二年（西元一九二年），曹操進軍兗州，打敗了後起的青州黃巾軍，補充了幾十萬人馬，又自立為兗州刺史。獻帝回到洛陽時曹操剛剛占領了許昌（今河南許昌），就收到了董承的密信。曹操打算利用漢獻帝的招牌征服天下，於是便率領人馬來到洛陽。

曹操拜見了漢獻帝，先拿出糧食讓文武百官吃飽飯。他見洛陽已是一座空城，無法解決吃和住的問題，就給漢獻帝上書，請他把都城遷到許昌去。漢獻帝和公卿大臣巴不得有個依靠，自然都同意。沒過多少日子，他們就跟隨曹操來到許昌，並決定以許昌為國都，改稱為許都。於是，漢獻帝便拜曹操為大將軍、武平侯，並且還讓他兼任司空。這樣一來，東漢的朝政大權又轉移到曹操手裡了。

從此以後，曹操「挾天子以令諸侯」，又打了不少勝仗，占領了許多地盤。他的勢力越來越強大，也越來越不把漢獻帝放在眼裡。漢獻帝不甘心做傀儡，就寫了一封密詔，讓董貴人縫在衣帶裡面偷偷地交給她父親董承，請他設法除掉曹操。當時，正是建安四年（西元一九九年）的冬天，劉備跟隨曹操打敗了呂布，也到許都來了。劉備，字玄德，是漢景帝的兒子中山靖王劉勝的後裔。論輩分他是漢獻帝的叔父，人們都稱他劉皇叔。董承知道劉備可靠，就讓他看了「衣帶詔」。他們兩個商議了一番，又約集了种輯、吳子蘭、王服三個將軍，決心想辦法除掉曹操，奪回朝政大權。誰知沒等董承他們起事，曹操就派劉備討伐袁術。第二年（西元二〇〇年）正月，曹操發現了董承等人的密謀，便把董承、种輯、吳子蘭、王服等抓起來殺掉並滅了他們的宗族。劉備嚇得不敢回來。

事後，曹操認為董貴人跟這件事有關，就要把她處死。漢獻帝再三向曹操求情，說董貴人已經有了身孕，請求給她留一條活命。曹操說什麼也不答應獻帝的哀求，還是殺了董貴人。

伏皇后見董貴人死得這麼慘，也不免兔死狐悲，整天坐臥不安。於是，就給她父親伏完寫了一封密信，叫他想辦法除掉曹操。伏完知道自己不是曹操的對手，嚇得趕緊把這封密信收藏起來。誰知到建安十九年（西元二一四年），即密信寫過十四年後，竟然又被曹操發現了。那時候，伏完早就死了，曹操無法治他的罪，就派尚書令華歆帶領士兵去逮捕伏皇后。伏皇后聽到消息，嚇得趕緊關住宮門，躲藏在夾壁牆裡面。華歆闖進皇宮，拆毀夾壁牆，把伏皇后拉出來。伏皇后披頭散髮地去向漢獻帝告別，哭著對他說：「難道皇上就不能再救救我嗎？」漢獻帝流著眼淚，無可奈何地說：「我自己也不知道能活到哪一天，叫我怎麼救妳？」沒過幾天，伏皇后和她生的兩個兒子都被曹操處死了。

為了牢牢地控制漢獻帝，建安二十年（西元二一五年），曹操便讓漢獻帝立他的女兒曹節為皇后。第二年，曹操又讓漢獻帝封他為魏王。這時候，曹操早已消滅了袁紹、袁術、呂布、公孫瓚、李傕、郭汜、張濟等封建割據勢力，基本上統一了整個北方地區。跟他對立的只剩下劉備和孫堅的兒子孫權。劉備占了四川，孫權平定了江南，也各自建立了政權。這樣就形成了三國鼎立的局面，漢獻帝的帝位已經名存實亡了。大臣們眼看著漢獻帝早晚要垮臺，紛紛向曹操討好，說什麼「天命」已經降臨到曹操身上，應該由他取代做天子。但是，因為天下還沒有統一，留下漢獻帝這塊招牌還有用處，曹操一直沒有廢獻帝取而代之。他對大臣們說：「當初周文王在世的時候，雖然占有天下三分之二，卻仍然做殷封王的臣下，一直到他的兒子周武王，才攻滅殷朝做了天子。如果天命果真降臨到我的頭上，那麼，我做一個周文王吧。」

建安二十五年（西元二二〇年）正月，曹操活到六十六歲，最終病死了。他的大兒子曹丕襲其父爵位做了魏王。漢獻帝以為曹操一死，他就能親自執掌朝政，劉家的帝位可以延續下去了，於是在這一年三月改年號為延康元年。但是曹丕卻沒有他父親曹操那樣的耐心，他剛做了半年魏王，就使左中郎將李伏等人上書，要求漢獻帝把帝位讓給他。漢朝皇族裡面有一個輔國將軍叫劉若，甚至還召集一百二十多個大臣聯名上書，逼迫漢獻帝退位。漢獻帝沒有辦法，只好下詔書，宣布把帝位讓給曹丕。

他在詔書中說：我在位三十二年，正趕上天下動盪反覆，只是依靠祖宗的神靈，才延續到今天。我知道漢朝的氣數已盡，天命轉歸了曹氏。古時候，唐堯沒有把帝位傳給兒子丹朱，反而傳給虞舜；虞舜沒有把帝位傳給兒子商均，反而傳給了夏禹。可見，朝代有盛有衰，帝王不在一姓一家。因此，我打算依照唐堯的做法，把帝位禪讓給魏王，請魏王千萬不要推辭。

魏王曹丕看了漢獻帝的詔書，卻假惺惺地推讓，說自己無才無德，不敢擔當帝位。而他在暗地裡，卻繼續讓大臣們向漢獻帝施加壓力。漢獻帝只好再一次下詔書：

如今上天終止了漢朝的命運，帝王之業確實轉給了大魏。我守著空名而違背古義，實在感到萬分慚愧。而魏王再三謙讓，讓我心裡更感到不安。舜、禹通情達理，不辭帝王之位，故勳烈垂於萬載，美名傳於無窮。因此，魏王只有早日登基，才能順從天意，符合民心，實現我的宏願。

曹丕又裝模作樣地推讓一番，便迫不及待地接受詔書。他為了要讓天下的人們都知道，漢獻帝是「自願」把帝位讓給他的，於是他就派人在許都南面的繁陽修建了一座高臺，叫作「受禪臺」，決定挑選一個吉日，在那兒正式舉行禪讓儀式。

這一年十月，漢獻帝接到通知親自來到繁陽的「受禪臺」「禪讓」帝位。他令御史大夫張音將皇帝的符節和傳國玉璽交給魏王曹丕。於是，曹丕便登上「受禪臺」，正式召見文武百官，宣布受禪做了皇帝，曹丕就是魏文帝。他廢漢獻帝為山陽公，改漢延康元年為魏黃初元年。東漢皇朝就這樣終結了。

潛規則解讀

在中國歷史上，似乎沒有哪一個君王敢公然扯起反對仁義道德、崇尚虛偽奸詐的旗子，連被稱為「奸雄」的曹操，也未敢貿然做皇帝，只是「挾天子以令諸侯」而已，可見他還是懼怕道德和正統輿論的力量。然而，統治者們卻又不得不為了自己的利益經常做道德敗壞、殘忍無情的事。

鐵肩擔道義，辣手鋤奸佞——楊一清借刀誅劉瑾

在中國的歷史上，無論是忠奸善惡，其命運似乎都與權力拴在一起，而那些為維護自己利益，竭力保全自己，排斥異己，陷害別人的人，也最終會從一個極端走向另一個極端。而事實上，在這種正義與邪惡的博弈過程中，邪惡經常得不到好下

場，正所謂「多行不義必自斃」。

土木堡之變以後，明王朝開始衰落。明英宗以後的幾代皇帝，都昏庸腐敗。他們沒有吸取宦官誤國的教訓，仍舊一味依賴宦官，宦官專政的局面甚至愈加嚴重。明憲宗朱見深（英宗的兒子）在位的時候，宦官汪直專權，在東廠以外，又設了一個西廠，加強特務統治，冤死不少好人。

西元一五〇五年，明武宗朱厚照即位。他身邊有八個宦官，經常陪伴他打球騎馬，放鷹獵兔，為首的叫劉瑾。明武宗貪圖玩樂，覺得劉瑾等稱他的心意，十分寵信他們。這八個宦官依仗皇帝的勢，在外面胡作非為。人們把他們稱為「八虎」。

一些大臣向武宗勸諫，要求武宗剷除「八虎」。劉瑾等得到消息，就在武宗面前哭訴。明武宗不但不聽大臣勸諫，反而提升劉瑾為司禮監，又讓劉瑾兩個同黨分別擔任東廠、西廠提督。

劉瑾大權在手，就下令召集大臣跪在金水橋前，宣布一大批正直的大臣是「奸黨」，把他們排擠出朝廷。

劉瑾每天給武宗安排許多尋歡作樂的事，等武宗玩得正起勁的時候，他把大臣的許多奏章送給武宗批閱。明武宗很不耐煩，說：「我要你們幹什麼？這些小事都叫我自己辦？」說著，就把奏章撂給劉瑾。

從這以後，事無大小，劉瑾不再上奏。他假傳明武宗的意旨，獨斷專行。劉瑾自己不通文墨，他把大臣的奏章全帶回家裡，讓他的親戚、同黨處理。一些王公大臣，知道送給明武宗的奏章，皇上是看不到的，因此，有什麼事上奏，就先把複本送給劉瑾，再把正本送給朝廷。民間流傳著一種說法：「北京城裡有兩個皇帝：一個坐皇帝，一個立皇帝；一個朱皇帝，一個劉皇帝。」

劉瑾怕人反對，派出東廠、西廠特務四處刺探；還在東廠、西廠之外，設一個「內行廠」，由他直接掌管，連東廠、西廠的人，也要受內行廠監視。被這些特務機構抓去的人，都受到殘酷刑罰，被迫害致死的有幾千人，民間怨聲載道。

劉瑾還利用權勢，敲詐勒索，接受賄賂。地方官員到京都朝見，怕劉瑾找麻煩，先得給劉瑾送禮，一次至少得送一萬兩銀子。有的官員進京的時候沒帶那麼多錢，不得不先向京城的富豪借高利貸，回到地方後再償還。當然，這筆負擔全轉嫁到老百姓身上了。

西元一五一〇年，安化王朱寘鐇以反對劉瑾為名，發兵謀反。明武宗派楊一清總督寧夏、延綏一帶軍事，起兵討伐朱寘鐇，派宦官張永監軍。

楊一清原是陝西一帶的軍事統帥，在訓練士卒、加強邊防方面立過功。因為他為人正直，不附和劉瑾，被劉瑾誣陷迫害，後來經大臣們營救，才被釋放回鄉。這回明武宗為了平定藩王叛亂，才重新起用他。

楊一清到了寧夏，叛亂已經被楊一清原來的部將平定，楊一清、張永俘虜了朱寘鐇，押解到北京獻俘。

楊一清早就有心除掉劉瑾，他打聽到張永原是「八虎」之一，劉瑾得勢以後，張永跟劉瑾也有矛盾，就決心拉攏張永。回京的路上，楊一清找張永密談，說：「這次靠您的大力，平定了叛亂，這是值得高興的事。但剷除一個藩王容易，內患卻不好解決，怎麼辦？」

張永驚異地說：「您說的內患是什麼？」

楊一清把身子靠近張永，用右手指在左掌心裡寫了一個「瑾」字。

張永一看，皺起眉頭說：「這個人每天在皇上身邊，耳口眾多，要剷除他可難啊！」

楊一清說：「您也是皇上親信，這次凱旋回京，皇上一定會召見您。趁這個機會您把朱寘鐇謀反的起因奏明皇上，皇上一定會殺劉瑾。如果大事成功，您就能名揚後世啦！」

張永心裡猶豫了一下，說：「萬一不成功，怎麼辦？」楊一清說：「如果皇上不信，您可以痛哭流涕，表明忠心，大事一定能成功。不過這件事一定要動手得快，晚了怕錯過時機。」

張永本來對劉瑾不滿，經楊一清一慫恿，膽子也壯了起來。

到了北京，張永按楊一清的計策，當夜在武宗面前揭發劉瑾謀反，並拿出朱寘鐇的反叛檄文，上面列有劉瑾謀逆諸罪。明武宗本就是個容易情緒化的皇帝，當時又喝了點酒，有些醉意，聽了張永之詞，說了句：「劉瑾叛聯。」張永忙道：「事不宜遲。」之後，又連夜見慈壽皇太后，請得皇太后靚旨，於三更之時，帶兵馬去劉瑾家裡捉拿劉瑾。劉瑾毫無防備，正躺在家裡睡大覺，兵馬一到，就把他順利逮住，打進大牢。

明武宗派禁軍抄了劉瑾的家，抄出黃金二十四萬錠，銀元寶五百萬錠，珠玉寶器不計其數；還抄出了龍袍玉帶，盔甲武器。明武宗這才大吃一驚，傳旨將劉瑾凌遲處死。橫行一時的劉瑾，就這樣在一夜之間成為階下之囚，刀下之魂。當時，京城的百姓都不敢相信這個事實，半夜聽到劉府的兵甲聲，還以為是劉瑾之兄病故，傾朝為其送葬。

潛規則解讀

劉瑾在明代宦官專權史上是承上啟下的代表人物，其前有導致「土木堡之變」的大權監王振，參與「寺門之變」的曹吉祥等人，其後有號稱「九千歲」的魏忠賢。在劉瑾專權時期，他不但承襲了前任權監的種種陰狠狡詐，也開啟了勾結朝官組成閹黨的先河。據說，劉瑾在被審問時竟公然叫囂：「朝中三公九卿皆出自我門下，何人敢審我！」一時竟嚇住了眾臣。由此可見其人確是一個權勢熏天的大奸官，但楊一清卻能以「借刀」之計兵不血刃的將其誅殺，讓人不得不佩服楊一清的借智工夫。楊一清深知憑自己個人之力，很難鬥得過幾乎全權把持朝政的劉瑾，但他卻能審時度勢，借寧夏叛亂的機會，挑起同為「八虎」之一的張永對劉瑾的殺機。更難得的是他為張永籌畫的計謀具體細緻，再蓋一個逆反之名，加上皇帝對張永的信任，能扳倒劉瑾也確在情理之中。

「宮」中有人好做官——鐵木迭兒借皇太后之力掌大權

元朝有個著名的奸臣叫鐵木迭兒，此人緊緊依靠元順宗皇后、武宗太后這個妖豔風流的女人做大樹，在朝廷呼風喚雨，做盡了壞事，但最終卻是「壽終正寢」，果然是「宮」中有人好做官！

元順宗（這是他兒子武宗追封的帝位，順宗本人並沒有稱帝）是元世祖忽必烈嫡子真金的二兒子，是元成宗鐵穆耳的二哥。忽必烈死時，嫡子真金、嫡孫已死，就將帝位傳給三孫子鐵穆耳，是為元成宗。這時成宗見弘吉剌氏（元順宗的妻子）的兩個兒子海山、愛育黎拔力八達已經長大，而且都精明強幹，這兩人又是自己的親姪兒，對皇權構成一定威脅，就對他們深為疑忌。大德十年正月元成宗死。弘吉剌氏和愛育黎拔力八達到達大都掌握政權，五月迎立海山為帝，是為武宗，同時立愛育黎拔力八達為皇太子，準備繼兄皇位為帝。這樣，這位弘吉剌氏的兩個兒子一個是現任皇帝，一個是未來的皇帝，她便被尊為皇太后，其地位的尊貴可想而知。

弘吉剌氏年輕守寡，開始時環境惡劣，既要撫育兩個兒子，又要防範來自小叔子成宗各個方面的種種壓力，同時還要為兩個兒子的前途謀劃，就沒有心思去追求享樂了。等到她貴為皇太后之後，生活條件特別優越，就有些難耐寂寞，思念起舊日情人鐵木迭兒起來。

鐵木迭兒相貌頗為英俊，為官又善於逢迎，與弘吉剌氏為同族。順宗死後，鐵木迭兒與弘吉剌氏便常相往來，並給予其許多幫助。二人感情曖昧，後來弘吉剌氏被排擠出居懷州，遂與鐵木迭兒分離。不久，鐵木迭兒也被出放到雲南省任左丞相，二人相隔萬里，更是無可奈何了。現弘吉剌氏已貴為太后，高高在上，一呼百應，無人敢管，便想召回故人，就下一詔，遣密使元召征鐵木迭兒回京。此後，兩人在宮中守門不出，過上了二人生活。

雲南行省多日不見他上班，便報告尚書省，說他擅離職守。尚書省不知內情，據實奏報，武宗當即批發，令尚書省先查詢下落，再據情定罪。一位堂堂的行省左丞相居然丟了好多天，而且還丟在皇太后的興聖宮中，也可謂當時的一大新聞。幾日後，尚書省又接到詔敕，說奉皇太后旨意，授議親故例，赦免鐵木迭兒的罪名。從此，鐵木迭兒便開始光明正大地出入宮闈，緊緊抱住皇太后這棵大樹，仕途格外順暢。

元至大四年，武宗病死。武宗之弟皇太子愛育黎拔力八達繼位，是為仁宗。仁宗登基，力圖革新，淘汰冗官。弘吉剌氏利用這個機會降旨授鐵木迭兒為中書省右丞相。元朝的中央機構與其他朝代不同，不設門下、尚書兩省，中書省為最高政務機構，總領百官，與樞密院、御史臺分掌行政、軍事、監察大權。長官中書省令不常設，由左右丞相同執政務，而右丞相權力又大於左丞相。這樣，鐵木迭兒就堂而皇之地當上了執政宰相，權傾一時，人稱「鐵師相」。

鐵木迭兒執政後，驕縱貪婪，大肆貪汙索賄，網羅黨羽，排斥異己。朝野上下皆對其不滿，但因其有皇太后為靠山，眾人都敢怒不敢言。

不久，太后又降旨令鐵木迭兒為太師。中書平章政事張十向來疾惡如仇，至此實在有些看不過去，向仁宗進言道：「太師論道經邦，需有才德兼備的宰輔，方足當此重任，如鐵木迭兒輩，恐不稱職！」仁宗雖認為有理，但不好違逆母命，只好加鐵木迭兒太師銜，兼總宣政院事。當仁宗因故離開大都時，太后傳旨問責張十。張十不服，被太后黨羽打了頓板子。張十一氣之下，繳還印信，攜帶家眷回到故里。鐵木迭兒的氣焰更加囂張，群臣自此斂口。

一波未平，一波又起。上部（內蒙古多倫）人張弼殺人後被捕入獄，其家用重金賄賂鐵木迭兒。鐵木迭兒收下重禮，密遣家奴脅迫上部留守賀巴延放人。賀巴延不肯，據實陳奏。侍御史楊朵兒已升任中丞，他與平章政事蕭拜住蓄志除奸，邀同監察御史等朝廷大臣共四十餘人，聯名上疏說：「鐵木迭兒桀黠奸貪，陰賊險狠，蒙上罔下，蠹政害民，布置爪牙，威讋朝野，凡可以誣陷善人、要功利己者，靡所不至。」並列舉大量事實，證明鐵木迭兒已是罪行累累，鐵證如山。仁宗覽奏大怒，立即下詔逮捕審問鐵木迭兒。

鐵木迭兒聞風喪膽，自知這次是凶多吉少，便當機立斷，躲到弘吉刺氏的興聖宮尋求庇護。仁宗也不敢貿然闖進太后宮裡抓人，弘吉刺氏袒護道：「自古就有刑不上大夫的慣例，我們蒙古人也有貴族把九罪而不懲的說法。」

最後，仁宗皇帝不忍違逆母親，只好按著弘吉刺氏的旨意，留鐵木迭兒的「太子大太師」的稱號，只罷免了其相職務，又把領頭彈劾鐵木迭兒的御史中丞楊朵兒貶為集賢學士，將其從監察部門調出。這個結果當是仁宗母子相互協商、相互妥協的產物。

鐵木迭兒在極端危險的情況下緊抱大樹不放，轉危為安，這一年是延右四年。三年後，仁宗死，弘吉剌氏再度起用鐵木迭兒為右丞相。鐵木迭兒借機報復，誣殺政敵楊朵兒和平章政事蕭拜住，勢焰複熾，炙手可熱，一直到至治二年正月才因病而死。

潛規則解讀

鐵木迭兒身為堂堂五尺之軀的男兒，卻自甘淪為小白臉，並以此做人做官，其行為實在是十分可鄙。這樣的人這樣的事，在古代官場中，不能說是十分常見，但以出賣靈魂獲取上位者寵幸的，卻大有人在，這也是古代官場醜陋的一面。

借樹開花，移花接木——李園飛黃騰達的祕訣

如果你是一根藤，卻想把花開在高處，那麼，你就只有借助大樹了。戰國時期，一個叫李園的野心家就是靠這種「技術」飛黃騰達。

戰國時期，楚國的國君楚考烈王長年無子，王嗣一直空缺。身為楚令尹的春申君

黃歇自然萬分憂心，派人四處打探有生育之相的年輕女子，搜羅來送入宮中，然而天不從人願，多少女子送入宮中也是無濟於事，沒有一個懷得上龍種。

春申君為此十分著急，整日唉聲嘆氣。這件事被春申君的一位門客李園知道了。李園其人工於心計，是一個城府極深的野心家，在得到這個消息後，一個大膽的設想在他腦子中形成了。不久，李園請假回家探親，後故意拖延歸期，回來後，春申君問他為何晚回。他吹牛說：齊王派人來向他妹妹求婚，因為款待使臣，所以回來晚了。春申君聽了不覺心中一動：既然齊王下聘，想必姿色不凡，就問：「下過定禮了嗎？」李園答：「還沒有。」春申君眼睛一亮，又問：「能不能讓我見見令妹？」李園見春申君上了鉤，就滿口答應。幾天後，李園將妹妹帶到府中。春申君見了李園的妹妹，寵愛有加，不多日子，李園的妹妹竟然懷了孕。李園得到了這一消息，混入後宅，同他妹妹商議起來。

於是，李園的妹妹私下對春申君說：「大王對您的寵信遠遠超過對他的幾位兄弟，可是大王無後，一旦去世，必然由他的一位兄弟繼位。俗話說一朝天子一朝臣，您的地位難免也要跟著變動。您擔任令尹二十餘年，無意中得罪的人恐不在少數，只怕到時不但權力旁落，身家性命恐也難保，不能不早作打算啊！臣妾現已有了身孕，當初進府時並無外人知曉，如今您何不將臣妾裝扮成新聘來的美人獻給大王，大王定會臨幸臣妾，如此便可移花接木，說是大王的血裔。將來如果上天保佑，讓臣妾生一男兒，大王百年之後，繼位之人豈不就是您的兒子？有臣妾與您暗通聲氣，楚國大政還愁不掌握在您的手中？」她的一番話，春申君聽來句句在理，誇李嫣是個勇於犧牲的奇女子。第二天，他就將李園的妹妹打扮一番後送入宮中，介紹給楚王。

李女有備而來，自然是風情萬種，楚王哪有不寵幸之理？幾番雲雨後，李女便裝出懷孕的樣子，楚王真以為是自己的骨肉，喜出望外。時光飛逝，不覺妊娠期滿，李女果然生下一個男孩，楚考烈王的高興可想而知，立即冊封李女為王后，新生嬰兒為楚太子。

李園本來是利慾薰心的奸詐小人，如今目的終於達到，妹妹成了王后，自己就成了國舅爺，真是一跤跌在青雲裡！這樣一來，春申君的存在反成了對他的威脅，他下決心要殺人滅口。李園出重金招雇了數名死士，祕密地加緊訓練，等待時機。

世上沒有不透風的牆，時間一長，李園訓練殺手的消息漸漸洩露出來。這一年是春申君當令尹的第二十五年，楚考烈王一病不起，病勢日漸沉重。策士朱英對春申君說：「大王已到彌留之際，變故隨時可能發生，君要早作準備呀！」春申君問如何準備，朱英答：「準備無非兩端：意外之福、不測之禍。」春申君問：「此話怎講？」朱英解釋說：「君為相二十五載，深得大王寵信，一旦大王過世太子即位，主公自然就是監國。太子年幼，主公是繼續輔政，還是直接面南稱王，全憑一句話，這就是意外之福。至於不測之禍，指的是國舅李園，他不掌兵權，卻暗蓄死士，謀劃已久，一旦大王駕崩，李園必定先入宮，假傳旨意，難保不殺主公以滅口，這就是不測之禍。為保萬全，主公不如趁早下手，任微臣為王宮衛士，臣趁李園入宮之際，先一劍殺了他，以絕後患！」春申君是個厚道的人，一聽朱英說的是李園，連連擺手說：「這不可能，這不可能，李園是個軟弱人，和我關係又不錯，怎能就此殺了他呢？」朱英見自己的建議不被採納，怕以後有事，當晚就逃走了。

十七天後，楚考烈王死了。李園果然搶先進宮，將死士埋伏在棘門之內，入宮弔唁的春申君剛走到棘門，死士突然躍出，一劍將他刺死，割下他的頭丟出棘門。與此同時，李園假傳旨意，領兵滅了春申君全族。李園妹妹所生的兒子，被立為楚王，即楚幽王。春申君未占到這個兒子一點便宜，卻搭上了全家老小的性命。

而在消滅了強大的敵人後，李園則靠著妹妹皇太后和外甥楚幽王這兩棵大樹，取代春申君，一躍成為楚國最具權勢的人物。

潛規則解讀

歷史上成就最大的門客應該就是李園了，他的這段發跡史可謂活色生香，為血腥的歷史塗上了一抹豔影。李園把美人計用到了最高境界，呂不韋的美人計是偷梁換柱，李園的美人計是移花接木，呂不韋后來的結局很慘，李園則飛黃騰達，從門客一躍成為楚國的攝政王。李園的美人計可以說是古代官場上反客為主的經典範例。

一封書信引發的冤案——皇太極巧施離間計除大敵

「疑中之疑。比之自內，不自失也。」所謂離間計，就是指在敵方陣營中故布疑陣，使敵內部自生矛盾，以此創造對我方有利的形勢。明末，皇太極就是採用離間計來使明朝崇禎帝自毀長城，他不費一兵一卒，不發一箭一炮，除掉了阻礙清軍入關的最大對手——一代名將袁崇煥。此舉為順治元年（西元一六四四年）的清軍入關，入主中原，奠定了堅實的基礎。袁崇煥是科舉出身的文人，但令人驚異的是，袁崇煥的軍事才能相當了得。明末滿洲人的崛起，已經成為明朝最大的邊患，特別是努爾哈赤攻占撫順後，氣勢大盛，明軍幾乎望風而潰。危急之時，袁崇煥被委以遼東防務的重任。受命後，袁崇煥加固了寧遠城，滿洲人攻打了六個月都沒有拿下。據《嘯亭雜錄》卷一中記載，在一次攻城中，努爾哈赤被袁崇煥用紅衣大炮擊傷，努爾哈赤憤然說：「何憨兒乃敢阻我兵力？」不久，努爾哈赤便因傷重死了。努爾哈赤的兒子皇太極恨袁崇煥入骨，繼位不久，就提兵欲為父親報仇，但在寧錦，他也同樣被袁崇煥殺得大敗。滿洲人自此對袁崇煥是既恨又懼，恨不能將他生吞活剝，又懼其終有一日會將他們再次趕到關外不毛之地。

崇禎二年（西元一六二九年），滿洲人見無法攻克袁崇煥的城堡，便繞道長城後進圍北京，袁崇煥聞訊後率領九千精兵星夜弛兵回援，在廣渠門外和十萬八旗軍血戰一場，迫其退卻。皇太極見袁崇煥軍隊凶猛，便仿《三國演義》中周瑜利用蔣幹盜書的反間計故事，將被俘的太監楊某監於帳中，故意讓他偷聽到「袁經略有密約，不日即輸誠矣」的密談，第二天又有意將楊太監放跑。

楊太監跑回後，趕緊把這個絕密情報向崇禎添油加醋的匯報了一番，崇禎皇帝果然中計，將袁崇煥投入獄中，次年八月以「謀叛欺君」的罪名將袁崇煥處以磔刑，並被肢裂於西市。最為慘烈的是，當時的北京人以為袁崇煥勾結滿洲人通敵賣國，聽說袁崇煥被處死，這些人「將銀錢買肉一塊，如手指大，就著燒酒，狠咬一口，還要大罵一聲，沒多久，崇煥肉悉賣盡」。

說到這裡，我們得承認皇太極的反間計用得不錯，但也應該認識到，袁崇煥之死，背後的原因並非如此簡單。

此前，已有幾個事情讓崇禎對袁崇煥起了疑心。

首先是滿洲人繞道南下圍北京城的時候，朝廷本命袁崇煥拒敵於順義、薊州一線，但袁崇煥直接退守了通州、昌平，隨後又退守京城。當然，這也怪不得袁崇煥，因為當時兵力不夠，也確實沒有時間去布防，只能先保京城。

但是，滿洲八旗的長驅直入使得京城內外的官民都受到騷擾，很多人對袁崇煥的軍隊沒有及時的堵截滿洲軍隊非常不滿，一時間謠言四起，說袁崇煥已經暗通滿洲人，故意放滿洲軍隊入關云云。皇太極的反間計，大概就是受到當時謠言的啟發。

其次，當時廣渠門大戰的時候，明將滿桂在德勝門，袁崇煥在廣渠門，兩支軍隊一內一外，同時與滿洲八旗奮戰。後來滿桂退守德勝門之甕城，而袁崇煥則率軍將皇太極逼退。次日，袁崇煥入城晉見崇禎，並請求像滿桂一樣，讓他的士兵入城休整。這個提議引起了崇禎的警覺，當場就斷然拒絕了袁崇煥的請求。後來太監楊某的告密，更是火上澆油，讓崇禎認定袁崇煥和滿洲人的確內外勾結。

再次，在當時明朝與滿洲人的對抗中，明軍能在遼東抑制滿洲八旗已屬不易，而袁崇煥在崇禎元年（西元一六二八年）見崇禎的時候，曾經誇下海口，「五年平遼」。雖然後來袁崇煥自己說當時只是想暫時寬慰一下皇帝而已，但卻讓崇禎對他的實力產生了猜忌。

最後一個原因，袁崇煥曾擅自殺了與其同級的大將毛文龍，這也讓崇禎對其產生殺機。

總之，崇禎的喜怒無常和疑心太重，是袁崇煥被殺的根本原因。只可憐袁崇煥千里冰雪回師救主，卻落得被處死，甚至被當時人「食其肉」的慘劇，真可謂是讓人痛心疾首。袁崇煥入獄後，曾寫下一詩以表心跡，其中有兩句：「但留清白在，粉骨亦何辭」，這和當年于謙寫〈石灰吟〉的風骨倒有幾分相似：「千錘百煉出深山，烈火焚燒若等閒；粉身碎骨全不怕，要留清白在人間。」這樁千古奇冤，直到乾隆年間修《明史》時，真相才大白於天下。

潛規則解讀

中國歷史上有兩大最高統治者冤殺武將，從而自毀長城的冤案。一是南宋第一任皇帝宋高宗不思恢復故土，以莫須有的罪名冤殺岳飛；一是明末崇禎皇帝錯殺袁崇煥。宋高宗冤殺岳飛畢竟有其私心，他不能容忍岳飛要迎接被俘虜的皇帝回朝的論調，害怕失去自己的皇帝寶座。崇禎皇帝錯殺袁崇煥則是自取滅亡，「自崇煥死，邊事益無人，明亡徵決矣」。

君子為什麼敗在小人手中？

——「雙面人」石顯借刀除異己

俗話說，猛虎難敵群狠。正人君子是猛虎，但他們只依靠自己的力量與小人作戰，小人是惡狠，他們知道拉幫結派，拉攏更多的小人對付正人君子，由於力量對比懸殊，正人君子必然敗下陣來。西漢的正直之臣蕭望之之所以敗給陰險狡詐的奸佞小人石顯，就是因為這個原因。

石顯是西漢時期漢元帝的宮中太監，這個人沒有什麼真才實學，但卻知道如何討皇帝的歡心，只要有他在，皇帝總是能神采飛揚。漢元帝認為石顯在朝中無親無故，不會拉幫結派，危害朝廷，於是便對他非常信任，但事實卻不是漢元帝想像的那樣。石顯在取得漢元帝的寵信後便專權獨斷，朝中大臣誰都不敢得罪他，他也結交了一些狐朋狗友，為自己賣力。

石顯是個報復心極強的小人，凡是得罪過他的人，他都不放過，而且總能尋找出法律依據，讓人有苦說不出。結果弄得朝廷上下都視石顯若虎豹，不敢與之爭鋒。朝中能與石顯抗衡的唯有輔政大臣蕭望之，故此，蕭望之便成為石顯眼中的必除之人。

蕭望之是漢元帝當太子時的老師，其正直與學問才幹在當時都是名冠一時的，況且他還是漢宣帝指定的輔佐漢元帝的輔政大臣，他在朝廷的地位和元帝對他的倚重是可想而知的。

漢元帝即位後，蕭望之本以為自己的這位學生要大展宏圖了，可沒想到是宦官專權，於是他憤然上書說：「管理朝廷的機要是個十分重要的職務，本該由賢明的人來擔任，可如今元帝在宮廷裡享樂，把這一職務交給了太監，這不是我們漢朝的制度。況且古人講：『受過刑的人是不宜在君主的身邊的。』現在應當改變這一情況了。」石顯看到了這一奏章，當然把蕭望之視為仇人，從此更是處心積慮陷害蕭望之。

蕭望之的正直還引起了外戚的反感。有個叫鄭朋的儒生，為了從蕭望之這裡弄個官做，就投其所好，上表攻擊許、史兩家外戚專權，蕭望之接見了鄭朋，給了他一個待詔的小官，後來卻發現鄭朋不是個正人君子，覺得很討厭他，也就不再理他。等到了考評升降官員的時候，與鄭朋同是待詔的李官被提升為黃門侍郎，鄭朋卻原封未動，他一怒之下，反去投靠了與蕭望之不和的史、許兩家外戚。他編造謊言說：「我是關東人，怎知你們兩家外戚的事呢？以前我上書動奏你們，全是蕭望之一夥人策劃的。」鄭朋心懷狡詐，到處揚言說：「車騎將軍史高、侍中許章接見了我，我當眾向他們揭發了蕭望之的過失，其中有五處小過，一處大罪。如果不信，就去問中書令石顯，當時他也在場。」

其實這是鄭朋的圈套，他想借此交結石顯。果然，蕭望之去向石顯打聽，石顯正想雞蛋裡挑骨頭，此次蕭望之送上門來，那是正中下懷。

石顯首先找來鄭朋，又找了一個與蕭望之素有嫌隙的待詔，叫他們兩人向皇上上書，動奏蕭望之有陰謀，離間皇帝與外戚的關係，要撤車騎將軍史高的職；然後，又趁蕭望之休假之機，叫鄭朋等上奏章。奏章交到元帝手上，元帝就叫太監弘恭去處理。弘恭是石顯的同夥，本來就參與了陷害蕭望之的陰謀，這麼一來，正好使石顯陰謀得逞。

弘恭立刻把蕭望之找來，對他進行詢問。蕭望之竟十分老實的據實回答，他說：「外戚當權，多有橫行不法之處，擾亂朝廷，影響了國家的威望，我彈劾外戚，無非是想整頓朝政，絕非是玩弄陰謀權術，更不是離間皇上和外戚。」既承認了想整治外戚的事實，對這事實怎麼理解，就是宦官們的事了。弘恭、石顯在向元帝報告時說：「蕭望之、周堪、劉更生三人結黨營私，相互標榜吹捧，串通起來多次進攻朝廷上掌權的大臣，其目的是想打倒別人，建立自己，獨攬大權。這樣做，作為臣子是不忠的，侮辱輕視皇上更是大逆不道。請皇上允許我們派人把他送到廷尉那裡去（「渴者召致廷尉」）。當時，元帝即位不久，看到奏章上「渴者召致廷尉」幾個字，也不甚明白，就批准了這道奏章。

其實，「渴者召致廷尉」就是逮捕入獄。等過了很久，元帝見不到蕭望之、劉更生、周堪等人，就問大臣們他們到哪裡去了，聽說這些人已被逮捕，大吃一驚，急召弘恭、石顯追問，二人雖叩頭請罪，但畢竟是由自己批准的，也不好責備處置，只是讓他們快放了這三人，恢復他們的職務。石顯一聽陰謀要敗露，忙去找車騎將軍史高，史高也很著慌。他知道，如果整不倒蕭望之這些人，自己的日子會越來越難過，就急忙晉見元帝，告訴他說：「您剛即位，老師和幾個大臣就入了獄，大家以為肯定有充分的理由，現在您若把他們無故釋放且恢復官職，那就等於自己承認了錯誤，這會極大地影響您的威望。」漢元帝年輕識淺，被史高一說，也覺得有道理，於是只下詔釋放他們，但革職為民，不予任何官職。

但元帝畢竟還算良心未泯，過了幾個月，覺得心裡不安，再說也確實需要蕭望之等人，就下了一道詔令，封蕭望之為關內侯，食邑六百戶，進宮辦事，其地位在朝廷上僅次於將軍，並準備讓他當丞相，這使石顯一夥感到極度恐慌。正在這時，蕭望之有一個做散騎中郎的兒子，名叫蕭汲，沒有與父親商討，就上書替父親上次被逮捕入獄且削職為民的事喊冤，他以為皇上已重視蕭望之了，可以翻案，但他沒有揣度皇上的心思，反倒使得元帝惱羞成怒，立命有關官吏去審理此案。官吏當然是承揣上意，哪敢據實辦理，就向元帝報告說：「蕭望之以前所犯過失是清楚明白的，不是別人陷害所致，現在皇上重新重用了他，他不感皇恩，卻教唆兒子上書喊冤，誹謗皇上，這不是人臣的行為，對皇上犯有不敬之罪，當逮捕法辦。」石顯又添油加醋地對元帝說：

「蕭望之當將軍的時候，就排擠史、許等皇上親近的大臣，想獨攬大權。他仗著自己是皇上的老師，利用皇上的寬厚仁慈，肆無忌憚地興風作浪，那時候就該治他的罪。現在皇上封侯賜官，他不僅不感謝浩蕩的皇恩，反倒心懷不滿，縱子上書，實在太不應該。如果不送到監獄裡讓他清醒一下，將來朝廷怎麼能用他呢？」元帝覺得蕭望之年紀已大，恐怕不肯受辱，會自殺。石顯說：「上次入獄，他都沒有自殺，這次犯的只是言語之罪，他更不會自殺。」這樣，元帝批准了逮捕蕭望之。

石顯立即發了詔令，命人包圍了蕭望之的家，蕭望之弄明瞭真相，說：「我曾做過前將軍，現已近七十歲了，這樣的資歷和年齡，還要受辱入獄，再活下去，不是太卑下了嗎？」於是讓門客拿來毒藥，服毒自殺了。

石顯害死蕭望之的特點是見縫插針，既尋找所謂蕭望之的紙漏，又假別人之手，尤其假皇帝之手進行小題大做，最後自己並不落太大的責任，這就是他在官場生存的「妙道」。

潛規則解讀

縱觀石顯的為官之道，其害人的藝術就是叫人有苦難言，有冤無處申的陰招。蕭望之這個託孤輔政之臣都不明不白死在了他的手中，雖聽來讓人齒冷，但也不得不思考其中的道理。

趁著渾水摸泥鰍——蕭裕借亂勢除群「敵」

封建官場爾虞我詐的競爭異常激烈，其中的鐵血規則是把「狠」字放在頭上說話。很多封建同僚之間的爭鬥，都是用狠招將對手置於死地，為自己的平步青雲鋪平道路，而最終能完美勝出的都是那些「厚而無形，黑而無色」的無情者。

蕭裕是金朝著名的奸臣。此公最大的特點是陰險狡詐，善於玩弄陰謀詭計，長於陷害他人。正是靠著這份「天資」，他才成為金海陵王完顏亮弒君殺親奪權的主謀和打手，並由此而飛黃騰達。

完顏亮是金太祖完顏阿骨打的庶長孫。金熙宗統治後期，完顏亮位高權重，其篡奪皇位的野心亦是司馬昭之心。善於見風轉舵的蕭裕以為完顏亮是奇貨可居，便主動投靠，率先參與到他篡權奪位的陰謀之中。

皇統九年（西元一一四三年）五月，完顏亮被喜怒無常的金熙宗貶出朝廷，前往汴京（今河南開封）擔任領行臺尚書省事。當時蕭裕正任北京（今內蒙古赤峰市）留守。完顏亮路過北京時，曾與蕭裕密謀說：「我欲在河南擁兵自立，先定兩河，舉兵而北。君為我結諸猛安（金朝軍隊的一種編制單位，相當於千戶之職）以應我。」蕭裕對這個武裝叛亂的企圖完全贊同，二人「定約而去」。誰知完顏亮中途又被熙宗召回任以高官，他與蕭裕原來擬定的叛亂計畫落空了。這一年的十二月九日，完顏亮在秉德、唐古辯等人的協助下，突入皇宮，殺死金熙宗，於血泊之中黃袍加身，而蕭裕卻因任職地方，沒有能夠成為這場流血政變的直接參與者。

完顏亮即位之後，對直接參與政變的有功人員大行封賞：秉德被任命為左丞相兼侍中，唐古辯為右丞相兼中書令。他還對秉德等六人「賜以誓卷」，以同生共死相約。而蕭裕只被委以祕書監，其地位、權勢遠在秉德等人之下，蕭裕對此並不甘心。他和秉德等人雖然是共扶一主，有同黨之誼，但他卻對這些人妒恨不已、視為仇敵，認為他們搶去了那份本來非他莫屬的榮耀和權勢，總想尋機置秉德等人於死地，而完顏亮的猜忌好殺，則為他提供了契機。

完顏亮「為人僄急，多猜忌，殘忍任數」，「外若寬和而城府深密、人莫測其際」。他篡位之後，對金太宗的諸子視如眼中釘、肉中刺。當時，太宗之子宗本以太傅之職領三省事，兄弟八人同居朝列，勢力強大，完顏亮為此寢食不安，急於興獄屠戮。蕭裕迎合其意，建議完顏亮以謀反之罪來誅除宗本等人。他向完顏亮獻計說：「尚書省令史蕭玉，素為宗本所厚，人所共知，今託為玉告變狀，以取信於人，可按籍誅也。」完顏亮聽此，拍手稱善，於是二人分頭準備行事。

天德二年（115年）四月的某一天，完顏亮乘宗本、宗美二人毫無防備，借早朝之機突然下手，不由分說，便將二人殺死。與此同時，蕭裕也派人去抓蕭玉，要逼他在已經替他寫好的揭發狀上簽字。誰知蕭玉卻是大醉不醒，一直睡到了當天晚上，蕭玉才睜開雙眼。一看到那些守候其旁、一身戎裝的軍士，他還以為是自己遭人陷害而入獄，不由得號啕大哭，連聲求饒。蕭裕看他已經嚇得半死，這才從幕後閃出，「附耳告之日：『主上以宗本諸人不可留，已誅之矣！欲加以反罪，令汝主告其事。今書汝告款已具，上即問汝，汝但言宗本輩反如狀，勿複異詞，恐禍及汝家也！』」蕭玉哪敢不從。於是，宗本就成為大逆不道的罪犯，其親屬皆受牽連，太宗子孫七十餘人均被殺戮。

蕭裕知道完顏亮對秉德、唐古辯二人也心懷猜疑，所以在他為蕭玉起草的揭發狀中，就把他倆全都誣陷為宗本的同謀。結果，當完顏亮大肆殺戮太宗子孫的同時，秉德、唐古辯二人也大難臨頭，成為刀下之鬼。

由於策劃有功，蕭裕很快被提拔為尚書左丞、加儀同三司，授猛安之職。完顏亮覺得這還不足以酬謝其功，又賞賜蕭裕錢二千萬、馬四百匹、牛四百頭、羊四千口。蕭裕憑著一條詭計，不僅討取了主子的歡心，又除卻了強勁的政敵，還能升官發財，一舉三得，其狡詐凶狠，由此可見

潛規則解讀

蕭裕憑著他的心狠手辣和陰謀詭計最終實現了自己的飛黃騰達，這給了我們什麼

樣的啟示呢？

在昏君當道，政局紊亂的情況下，忠誠耿直之人舉步維艱，狡詐多變、凶險毒辣之人卻能得勢。弱肉強食在封建王朝是鐵一般的定律。

第五章　慎為先——小心駛得萬年船

明槍易躲，暗箭難防——楊震喪命為哪般？

楊震最後的結局是自殺，但不是因為受賄，而恰恰是因為他的清正，這正是歷史的悲劇性所在。楊震因愧對自己的職責而自殺，是儒家獻身精神的最好注腳，但楊震不明白，置他於死地的真正殺手並不是自己的不稱職，而是人們劣根性的極度膨脹和權利場的血性競爭。

東漢延光二年，名士楊震代劉愷為太尉。一天，漢安帝的舅舅、大鴻臚（官名）耿寶來到楊震家裡。他是特地為宦官中常侍李閏的哥哥來說情的，請楊震錄用，而楊震堅絕不肯相從。耿寶一再相求，對楊震說：「李常侍為國家所重用，欲令公錄用他的哥哥，實際上皇上也已經允許，我只是轉達皇上的旨意罷了！」楊震嚴聲正色地說道：「如朝廷欲令三府錄用，應先下尚書令，今日只憑你私下吩咐，老臣實難從命！」楊震果斷拒絕，耿寶只得懷恨而去。過了不久，皇后的哥哥執金吾閻顯也向楊震請求薦官，他又斬釘截鐵地拒絕了。司空劉授得到風聲，為了討好貴戚，沒等請託，便錄用了李閏的哥哥和閻顯的私親，並在幾日之內加以提拔。楊震對此事非常抱怨，但卻也沒有辦法。

就在這時，漢安帝下詔為他的乳母王聖建造宅第，這當然會大興工役土木。中常侍樊豐及侍中周廣等人大加煽惑，動搖朝政。楊震作為大臣首輔，實在忍無可忍，上書規諫。但是楊震的規諫，如泥牛入海無聲無息。樊豐等人見楊震規諫不從，就更無所顧忌。他們竟偽造詔書，調撥司農錢穀和現成的建築材料，各自建造起家舍、園池、廬觀，私吞無數的工役費用。

楊震屢諫不從，氣憤至極。他在延光三年正月，借京師發生地震的機會，再一次上書，這次上書，言詞仍然激烈，前後幾次上書，似乎有了轉機，漢安帝也漸覺苗頭不對。而樊豐等人雖然對楊震側口憤怨，但懾於楊震是關西名儒，也不敢無端加害。這時，河間有一位叫趙騰的男子，到宮廷上書，指陳時政得失，安帝不禁發怒，當即詔令有司，把趙騰逮捕入獄，並加上大逆不道的罪名。楊震身為太尉，豈能坐視不救？於是又一次上書進諫，安帝看完諫書卻仍未理會，竟把趙騰處死，拋屍於街市。

適逢延光三年春天到來，漢安帝借著祭祀岱宗（泰山）的名目，出都東巡。樊豐等人乘皇上外出，更是擅用錢物，大肆移修宅第。楊震又在這時查出樊豐等人以前偽造的詔書。楊震得到這一重要證據後，卻因安帝東巡而沒能及時舉發，他想等皇上回來以後再行彈劾。樊豐等人聞訊後為了保住自己日夜密商，想設法先發制人。恰好此時，出現星辰逆行的天象，被他們當作藉口，拿來陷害楊震。

漢安帝東巡歸來，將到京都，樊豐等人就急忙去迎接，偽稱還宮必須等待吉時，請安帝先到太學院休息，並乘機密奏安帝說：「太尉楊震，袒護趙騰，前次因為陛下沒有採納他的意見，他心懷怨恨，意圖構逆，所以上天出現星變，請陛下先行收逮楊震，方可入宮。」安帝不肯相信，問樊豐道：「楊震是名士，難道也這樣不守法嗎？」樊豐應聲答道：「楊震是鄧騭故吏，鄧氏既亡，免不得生有異心。」安帝愕然點頭。安帝的車駕一到太學院，便連夜派遣使者收去楊震的太尉印綬，免去楊震的官職。楊震沒有防備，被宦官先發制人，先告一狀，此時懊悔也已無益，就交出印綬，閉門韜晦，謝絕賓客往來。而樊豐等人繼續使壞，請大將軍耿寶再奏安帝說楊震不僅不服罪，還仍然心懷怨恨。於是，安帝下詔遣楊震回歸弘農郡故里。楊震奉詔就行，走到洛陽城西的夕陽亭，慨然地對諸子門人說：「人生本有一死，死不得所，也是士人常事。我蒙聖恩久居宰輔，痛恨奸臣狡猾而不能誅殺，深惡宦官傾亂朝廷而不能禁止，還有什麼臉再見日月？我死後可用雜木為棺，裁粗布以蓋掩形體，不必歸就墓地，添設祭祠了！」說罷，便飲毒酒而死，享年七十餘歲。

楊震死後，樊豐等宦官還不甘休，密囑弘農郡太守移良派官吏阻止辦理楊震的喪事，不准楊震的棺木歸葬，並命令楊震的幾個兒子充當苦役，在驛道上傳送郵件。過路人得知冤情，都為他們流淚。

一年後，順帝即位，樊豐等人全部被誅殺。楊震的門生虞放、陳翼追憶恩師，同順帝追訟楊震冤案，終使其冤情得以法脫。朝廷稱讚楊震的忠誠，下詔徵召楊震的兒子楊牧、楊秉為郎，賜錢百萬，將楊震的遺樞以禮改葬於華陰憧亭，遠近親友，都來參加葬禮。據《後漢書》記載，會葬前的十多天，有高約丈餘的大鳥，飛集樞前，俯仰悲鳴，淚下溼地，到安葬完畢才飛離，眾人都驚嘆不已。朝廷也感到楊震冤枉，就用詔書為他平反。當時，有人立了一個大石鳥像於楊震墓前，以作紀念

潛規則解讀

楊震是典型的忠臣，他雖不能誅殺奸宦，肅清朝政，但卻能淨淨然立於朝堂，不懼生死，屢次上書勸諫皇帝，又能與那些奸逆之臣正面相抗，一點也不留情面，不合法、不合理的事他就一定會爭個明白，這種勇氣在那時雖算不上強大，但卻勝在長久。然而楊震的缺點也在於此，有勇卻陷於束縛，不能當機立斷，一切都要按常理出牌，最後被那些奸宦先發制人，一招不慎，滿盤皆輸，實在可惜。

生前死後兩重天——權臣霍光的悲劇

霍光歷仕武帝、昭帝、宣帝三朝，為劉家天下的延續與發展立下過殊功。不僅政由己出，而且一度掌握著太子廢立的大權。正因為如此，皇帝對霍光給予了豐厚的回報，不僅讓他位極人臣，而且與他沾親帶故的人都能一起享受優厚的待遇。霍光重病期間，皇帝親臨探視，為之流涕；霍光去世時，皇帝與皇后一同前往弔唁，並把葬禮安排得異常隆重……

但是，就是這樣一位有大恩於皇室，有大功於漢王朝的重量級人物，在其去世不久，整個家族卻遭遇滅頂之災：兒子遭腰斬，貴為皇后的女兒被逼自殺，受霍氏家族株連家族有數十家之多，即使和霍氏有些交情的人都因此而被免官。那麼，是什麼原因讓霍家遭遇如此大禍呢？

霍光是漢代著名的軍事家驃騎將軍霍去病的弟弟，先是由霍去病帶入都城，從郎官做起，陸續升官至奉車都尉光祿大夫，在宮中供職二十多年，從來都是小心謹慎，沒有犯過什麼過失，所以深得君王的信任。

漢昭帝即位時才五歲，朝中的大小事宜，全由顧命大臣的領袖霍光主持。霍光也可謂恭謹忠誠，為防不測，就搬進殿中居住，走到什麼地方，坐在什麼地方，都有一定之規，不敢稍有改動。因此，雖然昭帝年幼，國家倒也太平。

到了第二年，霍光被封為安陸侯，上官桀被封為安陽侯，霍光的權勢越來越大。就在這時，有人偏偏向霍光進言說：「難道大將軍沒有聽說過高祖時候呂雉的故事嗎？高祖死後，呂雉及呂氏宗族專權，並不任用劉氏宗族，使劉氏皇族在天下人面前喪失了威望，失去了人心，所以呂氏才會全部被誅殺。現在將軍你作為顧命大臣的領袖，輔佐少主昭帝，地位高，聲望重，權勢大，卻唯獨不與劉氏宗室共同執掌權柄，沒有劉氏宗室的人出來號召天下，將來怎麼能免於禍患呢？」霍光聽了以後，震驚之餘幡然醒悟，對那人說：「謝謝先生的指教，我一定照辦。」於是把元王的孫子劉辟強召入宮廷，封為宗王。

太醫監充國無故入殿，按照律條，當處以死刑。充國是上官桀的外祖父最為寵愛的人，上官桀便去找霍光求情，霍光仍不允許。上官桀無法，只好去求蓋長公主，蓋長公主交出了二十匹馬替充國贖罪，充國才減罪免死。自此以後，上官桀父子就更加痛恨霍光，感激蓋長公主。

上官桀認為，自己從前和霍光一樣，都是顧命大臣，現在反而每件事都要受霍光管轄制約，實在太不公平。於是，他們就廣結宮廷內外的宦官大臣，想趁機除掉霍光。尤其是燕王劉旦，因未得地位，總覺心懷不滿；御史大夫桑弘羊的子弟多有失職，也對霍光懷有怨恨；再加蓋長公主作為內援，在上官桀看來，是萬無一失。

正在這個時候，霍光到廣明去校閱羽林軍，上官桀就想發難，但想來想去還是覺得力量不足，不能保證事變成功。於是上官桀就和桑弘羊祕密商量，詐以劉旦的名義，上書彈劾霍光。奏疏寫道：我聽說大臣霍光在外出校閱羽林軍時竟令先行官預先準備食物，模擬天子的出遊儀式。把沒有功的大將軍楊敞任命為搜粟都尉，又擅自調配幕府校尉，專權自恣。我懷疑他有不正常的舉措，所以願意把我的符璽歸還朝廷，回到宮裡保衛皇上，以免奸臣忽起事端，皇上遭遇不測。事關緊急，特此派快馬傳給皇上。

昭帝看後，竟無動靜，霍光聽說有人彈劾，十分恐慌，第二天上朝，不敢進去。昭帝未見霍光，就派人宣他進殿，霍光跪地免冠謝罪。昭帝說：「我知道你沒有罪，請戴上帽子起來吧。你到廣明校閱羽林軍往返才十多天，燕王劉旦怎能得知，又怎能寫信送來。況且你如果有不臣之心，又何必用校尉。這明明是有人謀害將軍，假造此書。我雖然年少，也不至於如此愚昧。」群臣聽了，無不驚服。

昭帝十八歲舉行冠禮，朝政由霍光秉公主持，還算平靜，但昭帝於二十一歲病死，且無後嗣。為了方便自己控制，霍光最後選擇立昌邑劉賀為帝。

劉賀即位以後，十分荒唐，毫無人君的樣子，朝野上下深以為憂，霍光不禁後悔。之後，他受群臣委託又聯絡楊敞等人，在朝會上忽然發難，借上官皇后的名義，歷數劉賀罪狀，把劉賀削去王號，另給食邑兩千戶，仍使居昌邑。只是劉賀的那幫玩樂小丑兩百多人，全被綁赴市曹斬首，有人大喊：「當斷不斷，自取其亂！」意思是後悔當初沒殺霍光。

立君又成了大問題，有人提出，唯有武帝曾孫劉病已，流落民間，據說其美豐儀，通經術，有才具，年已十八，可立為君。據說在這一年，泰山大石自立，上林苑中大柳樹葉蟲食成文，也辨認出「公孫病已立」字樣。這皆是皇帝起於民間之兆。霍光主持迎立了劉病已，是為漢宣帝。當時，霍光坐在宣帝的身邊替他趕馬車去祭拜祖廟，宣帝後來說當時的感覺是「如芒刺背」，等換了張安世駕車後，他才安心。其實，這一方面反映了霍光的權威之大，另一方面也為霍家的敗亡埋下了伏筆。

宣帝尚未立後，當時許多人都打算讓霍光的小女兒做皇后，可宣帝卻下令訪求故賤，大家明白，這是宣帝不忘貧賤之交，只好立宣帝在民間時的結髮夫人許氏為皇后。照例應該封許氏的父親為侯，但霍光認為他已受過宮刑，是微賤之人，不能違例封侯。宣帝爭執不過，只好作罷。

宣帝即位後兩年，霍光見宣帝躬謹謙讓，也還放心，就自請歸政退休，皇帝偏不允許，並且還讓凡事先奏請霍光，然後再通報自己。這時，霍光的兒子霍禹，以及霍光的哥哥的孫子霍雲、霍山及外孫等，陸續獲取了官職，在朝廷上漸成盤踞之勢。宣帝雖是十分猜忌，但只好暫且隱忍。

霍光的繼室霍顯是個心狠手辣的女人。霍顯原是霍光的女兒的婢女，因長相姣好，為人狡猾，博得了霍光的喜歡，後生了幾個子女，霍光就把她升為繼室。為了讓自己的女兒當皇后，霍顯處心積慮地想謀害許皇后。恰巧許皇后將要分娩，忽感身體不適，宣帝遍召女醫官日夕服侍，霍顯就趁機把自己的相識淳于衍推薦進宮。

許後安然生產，在服用調理藥丸時，淳于衍趁機將符子摻人。符子性熱，不宜產後服用，許後產後身體極虛，服用符子後虛熱上升，竟致命。宣帝十分氣憤，命令將所有醫官逮捕，淳于衍也在其內。霍顯極怕淳于衍吐露真情，連忙求霍光設法，霍光知道了也很害怕，但事已至此，只好去到宣帝那裡遊說，讓他放了全部醫官。此後，霍顯花鉅資多次安排淳于衍，才使她不露口風。

從此開始，民間竟傳聞霍家毒死了許皇后。

不久，迎霍顯之女入宮，一年後立為皇后。宣帝地節二年，霍光壽終正寢。霍後尚未生子，宣帝欲立許后所生的劉奭為太子。霍顯對女兒說：「他是皇帝微賤時所生，怎能當太子，倘若你將來生了男孩，不是要為他所制嗎？」霍顯就交給她毒藥，讓她尋機毒死太子。無奈宣帝十分小心，派人周密保護，凡食物都要先嘗後進，霍后始終不得下手，她經常惱恨地咒罵，逐漸露出了不悅太子的神情。宣帝敏銳地覺察到了這一點，又風聞是霍家毒死了許後，就更加注意了。

霍家一門三侯，霍顯尚不滿足。霍顯做了太夫人之後，無視禮法，竟擅自打霍光的舊部，囚禁家人看管，自己的生活更是紙醉金迷。尤其是與俊僕馮殷私通，鬧得沸沸揚揚，無人不知。她的這些做法，引起了公憤，許多人上書彈劾。只是宣帝念著霍光的功勞，才隱忍未發。

宣帝怕霍家勢力太大，將來生變，就逐步撤去霍禹等人的兵權。霍家已感覺到風向不對，尤其是彈劾之人越來越多，關於毒死許皇后的議論也越來越凶，霍雲、霍山等就找霍顯想辦法。霍顯把下毒之事告訴了他們，他們非常震驚，認為唯一的一條路就是聯絡霍氏及諸女婿一同起事，並借上官太后的名義廢了宣帝，方可無虞。誰知隔牆有耳，馬夫聽到了他們的議論，夜裡又與別人私議此事，他的朋友偷聽到後，為了富貴，就跑到皇帝那裡告了密。霍家的謀劃至此敗露。

宣帝見時機已成熟，立即派兵，凡霍氏宗族親戚，一概拿辦。霍山、霍雲服毒自殺，霍顯、霍禹被腰斬，霍氏女婿外孫，盡數處死，誅滅不下千家

潛規則解讀

作為歷史上聲名赫赫的權臣，霍光在「慎」字方面做得太不足了，他只知謀權，卻不知謀家。他完全有理由考慮到身後家族的敗亡。首先，在毒死許皇后後留下了禍根；其次，他從政二十多年結怨太多，且有許多越權之事；再次，他的妻子霍顯起自微賤，慾壑難填，狂悖殘忍。另外，諸子孫多是輕狂之人。還有他的子婿盤踞朝廷，勢力太大，極易遭忌卻不知收斂。這足以使家族敗滅，霍光卻未對任何一條做出具體的安排，更無任何善後措施，其敗亡自然是無可避免的。

斬草不除根，春風吹又生——張柬之心慈手軟留禍害

斬草不除根，春風吹又生。封建官場，爭鬥向來不是你死就是我活，如果對敵人心慈手軟，那無疑是搬起石頭砸自己的腳，自己給自己找麻煩；反之，如果能學會心狠手辣，那麼謀權固權也就不是難事了。

武三思是武則天的姪子，他憑著與武則天的關係，當上太子賓客，又諂媚武則天的男寵薛懷義、張氏兄弟等，故極得武則天信任，在武則天稱帝時期其權勢可謂如日中天。武三思全靠武則天起家，可武則天喪失帝位後，他不僅未失勢，反而更加得勢，這其中的原因除了他與復位中宗關係密切之外，也是由於張柬之等人在推翻武氏後手軟，沒能對其採取強硬的措施。

張柬之是由狄仁傑所推舉的一位賢相。狄仁傑死後，張柬之以秋官侍郎同平章事，拜為宰相，時年已八十歲。張柬之聯絡天官（史部）侍郎同平章事崔玄暐，中臺（尚書省）右丞敬暉，司刑少卿桓彥範，右臺（御史）中丞、相王府（李旦）司馬袁恕己及羽林大將軍李多祚等擁戴中宗復位，恢復唐的國號。當時洛州長史薛季昶就勸

張柬之、敬暉殺掉武三思，說道：「斬草不除根，必會後患無窮啊！」但張柬之卻說道：「大事已定，他猶如砧板上的肉，任我等宰割，不會有什麼作為的。已經殺得很多了，不必要再增加。」朝邑尉劉幽求也勸桓彥範、敬暉殺掉武三思，說道：「武三思狼子野心，詭計多端，實乃當朝司馬懿啊，若不將其除掉，只怕你們將來會死無葬身之地。」但是這兩人也未聽進心裡去，沒有對武三思下手。

此後，武三思又與中宗的皇后韋氏勾搭成奸，由於中宗懦弱，權政歸於韋氏，武三思因此重掌權勢。張柬之等人這才感到威脅，於是便多次勸中宗誅殺武三思，可這時中宗對武三思極為寵信，根本不願意殺他。即使中宗想誅殺武三思也不可能，因為當時朝政實權在韋后手中，中宗也做不了主，當然不可能聽從張柬之等人的勸諫。張柬之見勸中宗誅殺武三思已不可能，則退而求其次，想從權勢上加以抑制，遂上書中宗說：「天后當權時，李氏宗室被誅殺將盡。現在幸賴天地之靈，陛下得以復位，而武氏子弟仍然保有王的封號，居顯要的官職，與過去一樣，這不是大家所願意看到的情況。希望降低他們的官爵，以滿足天下人的心願。」張柬之想喚起中宗過去的不幸回憶，來去掉武氏的勢力。中宗早將過去忘得一乾二淨，只安於現在的安樂，所以無動於衷，仍不聽從。張柬之等人無計可施，只好嘆息憤慨，自怨自艾地說：「過去之所以未誅殺諸武，是希望皇上去誅殺，以揚天子威風。今反如此，事勢已去，不知如何是好。」這就叫養虎為患。

武三思本來就有極強的政治野心，武則天在位時就想被立為太子，與韋后勾搭上後，更是狼狽為奸。韋后也是野心勃勃，欲做第二個「則天皇帝」，好不容易找到一個幫手，又豈會容忍張柬之這班逼迫武則天讓出帝位的人掌握朝政，因此她便與武三思裡應外合，時常在中宗面前詆毀他們，力圖加害。

張柬之等畏懼武三思的讒言，因平時見考功員外郎崔湜對武三思也有所憤慨，指責的言辭還頗為激烈，便引為知己，作為耳目，讓他去暗中探聽武三思的動靜，以便採取相應對策。而這個崔湜卻是個十足的小人，他見中宗對武三思非常青睞，便倒向武三思，將張柬之等人的情況全部告訴了武三思，成了武三思的忠實走狗，並被武三思引薦為中書舍人，成了皇帝的近臣。

正在這時，原殿中侍御史鄭愔因諂媚張宗昌兄弟，被貶為宣州司事參軍，在宣州又貪贓枉法，為躲避法辦，逃入洛陽，投靠武三思。鄭愔拜見武三思，先大哭，繼而又大笑。武三思甚感奇怪，問道：「你這是為什麼？」鄭愔說：「開始見大人而哭，是哀傷大人將遭誅殺而滅族，後來大笑，是高興大人得到了我鄭情。大人雖然得到了天子寵幸，但張柬之、敬暉、桓彥范、崔玄暐、袁恕己等五人把持著將相的大權，他們膽略過人，廢掉太后尚且易如反掌，大人在權勢上還能比得過太后嗎？因此大人不去掉這五人，簡直危如早晨的露水。可是大王還自以為安如泰山，我深為大王擔憂啊。」武三思正與韋后相謀，去掉此五人，因五人官位高，權力大，又受到中宗的信任，在社會上又有重大的影響，感到不知從何處下手，今聽鄭情之言，必知有計，心中大喜，便請鄭情登樓，去到密室，而後問道：「剛才你既然說到要去掉張柬之等五人，但是五人位高權重，我不知從何處著手？」鄭情說：「在下有一妙計，可建議朝廷，以他們五人擁戴復位之功，冊封為王，奪其實權。他們一旦手中失去權力，就可以任憑擺布了。」武三思深以為然，便引薦鄭情為中書舍人，與崔湜一起，同為他的謀士。

武三思與韋后按照鄭情所獻之計，日夜在中宗面前巧舌如簧，詆毀張柬之等五人，向中宗說道：「這五個人自以擁戴有功，就居功自傲，大權在握，獨斷專行，將對社稷不利。」由此中宗對五人起了疑心，不再信任。武三思與韋后二人便進一步向中宗建議「不如封張柬之等五人為王，不讓他們再參與朝政，這樣在外表上是尊重功臣，避免他們的不服氣及人們的議論，實際上又奪去他們的權力，不致再專權用事。」中宗這個人耳根子極軟，對武三思、韋后之言更是言聽計從，於是下詔書：封張柬之為漢陽王，敬暉為平陽王，桓彥范為扶陽王，崔玄暐為博陵王，袁恕己為南陽王。同時免去他們「知政事」即宰相參政的權力，賜金銀綢緞及鞍馬，只需於每月初一、十五兩日入宮朝拜一次。

張柬之等五人雖被奪去實權，不得參與朝政，畢竟還有著王的尊號，有著很高的聲望和很大的政治影響力，而且還能一月入宮朝拜兩次，有機會和中宗接近，能對中宗進行勸諫或獻策。所以武三思對他們留在京城仍然感到是一種威脅，於是報請朝廷，將他們調離京城，改任地方官。當時韋后當權，上官婉兒掌管草擬詔令，調令可以隨便下。遂調任張柬之為襄州（現在湖北襄樊）刺史，敬暉為朗州（現在湖南常德）刺史，桓彥範為亳州（現在安徽亳縣）刺史，崔玄暐為均州（現在湖北丹江口）刺史，袁恕己為郢州（現在湖北京山）刺史。

接著武三思又指使鄭情誣張柬之等五人與王同皎同謀，欲廢韋后，於是又將五人貶謫。張柬之貶為新州（現在廣州新興）司馬，敬暉為崖州（現在海南島北部）司馬，桓彥範為瓏州（現在廣州羅定縣）司馬，崔玄暐為白州（現在廣西博白）司馬，袁恕己為竇州（現在廣州信宜）司馬。都是貶在當時最為偏僻、最為荒涼的所謂遠惡之地。

最後，為置五人於死地，武三思暗中指使人書寫韋后的汙穢行為，請予廢黜皇后的封號的傳單，張貼在洛陽的天津橋。武三思有意讓人將其情況報告中宗。中宗聽了這個消息，自然極為憤怒，便命令御史大夫李承嘉追查其事。李承嘉也是武三思一黨，他秉承武三思的意旨，揑造案情，誣陷張柬之、敬暉，桓彥范、崔玄暐、袁恕己五人對貶謫不滿，暗中指使人散布謠言，並報請中宗：「他們表面上是請求廢黜皇后，實則是想陰謀篡逆，應該對他們五人全部誅殺。」大理丞（相當於現在的法院法官）李朝隱表示反對，奏稱：「對張柬之等五人不經審問，就急忙誅殺，不合法律。」大理丞裴談為討好韋后及武三思，為之出謀，奏稱：「對張柬之他們應該根據皇帝的詔令判處斬刑，誅殺全族，沒收家產，可以不必經過審問，這是合乎法律的。」後來中宗考慮到曾向張柬之等頒發有不處死的丹書鐵券，不同意處死，改為流放。於是將張柬之流放到瀧州，敬暉流放到瓊州，桓彥範流放到瀼州（現在廣西上思縣），崔玄暐流放到古州（現在廣西永福縣），袁恕己流放到環州（現在廣西環江）。五家子弟十六歲以上的，皆流放到南嶺以南。裴談因討好獻媚，由大理承提升為刑部尚書，李朝隱因秉公持正則由大理丞貶為聞喜縣令。真可謂是邪僻者升官，正直者遭貶。

崔湜又向武三思提出建議：「張柬之等五人若有朝一日被召回長安，必為後患，不如派遣使者，假傳聖旨，將五人殺掉。」武三思高興地說：「正合我的心意，但不知派哪一個去最為妥當？」崔湜便推薦他的表兄大理正周利貞。

武三思與韋后商議後，決定由上官婉兒草擬一道詔書，命令周利貞以代理右臺御史的身分，帶著上官婉兒發出的假聖旨前往嶺南，去殺害張柬之等五人。

周利貞到達嶺南，方知崔玄暐死於途中，張柬之年老體衰，患恨成疾，也死了。二人算是萬幸，未遭受到周利貞的殘酷折磨。

桓彥範正被押往瀼州流放的途中。周利貞在貴州（現在廣西貴港市）遇到桓彥範，隨即令人將桓彥範用繩索捆綁，在砍伐的竹椿上拖著走，肉被竹椿刮去，露出骨頭。待到折磨得心滿意足了，而後用棍棒打死，殘忍至極。

敬暉被刀剮而死，殘忍更勝一步。

袁恕己被強灌野葛藤汁，腹內痛苦難受，倒在地上，以手抓土，指甲磨盡，鮮血淋漓，而後用竹板打死，殘忍又勝一步。

周利貞因殘殺有功，回到京城，即升為御史中丞，血染頂珠紅。

自此，武三思的「調虎離山」之計全告成功，徹底剷除了擋在自己眼前的路障。

潛規則解讀

俗話說得好，「虎落平陽被犬欺」，這就是說虎為山中之王，百獸之尊，只有在山中才能威風凜凜，無所畏懼。一旦離開了山林而落於平原，則就會為犬狗所欺。調虎離山就是因為這個道理而出現的高明策略，一旦將對手調離其勢力所在的地方或其靠山所在的地方，就很可能輕而易舉的將其擊敗。文中武三思就是這麼做，他深知張柬之為首的五大臣位高權重，若貿然出手，很可能遭遇凌厲的反攻，不小心就可能反遭其害，於是就耍手段使其明升暗降，表面封其為王，卻將其調離京城，剝其實權，這以後的一切自然就盡在他掌握之中了。在這裡，我們一方面為忠臣的慘遭屠戮而大感痛惜；另一方面，也只能說他們是作繭自縛，試想，如果張柬之等人在推翻武氏政權後，能聽取良言，斬草除根，那又怎麼會有以後的慘澹收場呢？

同舟未必共濟——王安石錯信小人終遺恨

同舟之人未必共濟，在任何時候都要多留心眼，即使是最親近的人。否則，很可能對你造成最大傷害的人，就是曾經與你「同舟」的人。

宋神宗熙寧九年，王安石變法失敗，被罷相，貶判江寧（今江蘇南京），居住在江寧的半山園中，王安石常常深悔當初用人不當，為其所誤。悔恨之極時，往往奮筆疾書，可落到紙上的卻總只是「福建子」三個字。這「福建子」是何許人也？為什麼他給王安石留下這許多悔恨和痛苦的回憶呢？

他不是別人，正是福建泉州晉江人呂惠卿。宋仁宗嘉祐初年，年僅二十四歲的呂惠卿便高中進士，任真州推官，可謂少年得志，意氣風發。之後，因為政績突出，他很快被調入京師汴梁。在汴梁，他結識了王安石，兩人常在一起論經講義，談古道今，竟有許多共同的見地，遂成莫逆之交。宋神宗熙寧二年（西元一〇六九年），王安石拜參政知事，主持變法。當時呂惠卿正在集賢院編校《集賢》書籍。王安石在神宗面前舉薦呂惠卿：「惠卿的賢德，非但今人無法追步，即使是前世儒者也不易相比。對先王之道能夠學以致用的，恐怕唯惠卿一人而已。」稍後，王安石設置三司條例司，任用呂惠卿為檢詳文字，事無大小鉅細，都要先同他商議，然後才實行，凡所提議的請議、奏章都由呂惠卿代筆。

王安石在變法的過程中，視呂惠卿為自己最得力的助手和最知心的朋友，一再向神宗皇帝推薦，並予以重用；朝中之事，無論鉅細，全都與呂惠卿商量之後才實施；所有變法的具體內容，都是根據王安石的想法，由呂惠卿事先寫成文及實施細則，交付朝廷頒發推行。

當時，變法所遇到的阻力極大，儘管有神宗的支持，但能否成功仍是未知數。在這種情況下，王安石認為，變法的成敗關係到兩人的身家性命，並一廂情願地把呂惠卿當成了自己推行變法的主要助手，是可以同甘苦共患難的「同志」。然而，呂惠卿千方百計討好王安石，並且積極地投身於變法，卻有自己的小算盤，他不過是想經由變法來為自己撈取個人的好處罷了。對於這一點，當時一些有眼光、有遠見的大臣早已洞若觀火。司馬光曾當面對宋神宗說：「呂惠卿可算不了什麼人才，將來使王安石遭到天下人反對的，一定就是呂惠卿！」又說：「王安石的確是一名賢相，但他不應該信任呂惠卿。呂惠卿是一個實實在在的奸邪之輩，他給王安石出謀劃策，王安石出面去執行，這樣一來，天下之人將王安石和他都看成奸邪了。」後來，司馬光被呂惠卿排擠出朝廷，臨離京前，一連數次給王安石寫信，提醒說：「呂惠卿之類的諂媚小人，現在都依附於你，想借變法為名，作為自己向上爬的資本。在你當政之時，他們對你自然百依百順，一旦你失勢，他們必然又會以出賣你而作為新的進身之階。」

然而，王安石對這些話卻半點也聽不進去，他已完全把呂惠卿當成了同舟共濟、志同道合的變法同伴，甚至在呂惠卿暗中搞鬼被迫辭去宰相職務時，王安石仍然覺得呂惠卿對自己如同兒子對父親一般的忠順，真正能夠堅持變法不動搖的，莫過於呂惠卿，便大力推薦呂惠卿擔任副宰相職務。

呂惠卿很害怕王安石一去，新法動搖，自己作為新法的同謀者也要被連根拔掉。所以他指使黨羽變換姓名寫信挽留王安石，又親自作書遍告監司、郡守，言明新法一旦動搖的利害關係，並且對皇上說不可以因為某些小吏違法造成的一些惡果而廢棄整個新法。這樣一來，雖然王安石罷相，新法愈堅，呂惠卿自己的地位也愈加鞏固。他馬上扶植親信，先把自己不通學術的弟弟呂升卿引為侍講，又用另一個弟弟呂和卿的建議，制定五等丁產簿，使百姓如實申報，尺寸之地也被搜刮無遺，有隱匿不報者則將其財產三分之一充賞，一時百姓不勝其苦。

監安上門鄭俠上書指斥呂惠卿；大臣馮京也屢次非議呂惠卿；王安石的弟弟王安國素來與哥哥政見不同，更看不慣呂惠卿奸詐狡猾，竟當面汙辱他一番。呂惠卿此時已不比往日，如何咽得下這口氣，於是將三個人一同貶謫趕出京師。王安石雖說與王安國政見不一，也到底是親兄弟，他有些不滿呂惠卿的做法，但呂惠卿再也不肯買王安石的帳，而且一下翻了臉大罵王安石誤國害民。後凡有陷害王安石的機會，他都絞盡腦汁絕不放過。這時的宰相是韓絳，他謹守新法，但他優柔寡斷，對付不了呂惠卿，就密請神宗，復用王安石為相。

宋神宗熙寧八年（西元一〇七六年），王安石再次拜相，而呂惠卿由於惡貫滿盈，遭到文武百官的一致彈劾，被貶到陳州，後又被貶為建寧軍節度副使，從此，再未錄用。

潛規則解讀

一些黑幫電影中經常會有這樣的橋段：即主人公受盡千辛萬苦，生離死別，最後發現仇人竟是自己身邊最親密的人。其實這種情節在歷史長河中屢見不鮮，王安石就絕對不會想到「賢德」的「福建子」，同舟共濟的呂惠卿竟然會在自己勢危時背後捅一刀，變得如此凶狠與可怕。王安石對呂惠卿可以說是有知遇之恩，兩人最初的關係也稱得上如師如父，然而作為一個陰險的奸詐小人，呂惠卿所求的最終目的只會是權勢，而不可能是別的東西。在求進之時，呂惠卿對王安石可謂「如漆似膠」，及王安石失勢時，他卻翻臉不認人將其視為勢不兩立的仇敵，極盡汙蔑陷害之能事。幸運的是當時神宗皇帝還算賢明，對王安石也非常信任，再加上朝中又不乏忠義之士，這才使得王安石能東山再起，但在這場官場博弈之中，王安石卻無疑有著很失敗的地方。

有心算無心——史彌遠巧用計扳倒準皇帝

宦海風波險，行船要小心。官場的爭鬥，因為和權力攪和在一起，特別殘酷，勝了固然可以高官厚祿，敗了卻也會落得身敗名裂甚至身首異處的下場。因此，在官場生存的人，無不有著如臨深淵、如履薄冰的心情。無論在多高的位子上，如果不能保持一顆謹慎之心，那就隨時可能被別有用心的人拉下水來。

宋寧宗嘉定十四年，寧宗把弟弟沂王趙柄的兒子趙貴和立為皇太子，改名趙竑。此時，權臣史彌遠已當了十餘年宰相，他與楊皇后內外勾結，專權擅政，朝廷內外大臣多由其舉薦，幾乎沒有人敢違背其意願。

新任皇太子趙竑對史彌遠的所作所為非常不滿，史彌遠對此也有所覺察。史彌遠聽聞趙竑愛好彈琴，就用重金買了一位善於彈琴的美女送給他，並且送給美女家許多財物將其收買，讓她暗中偵察趙竑的動靜。這位美人不僅貌美，而且非常善於邀寵，因此深得趙竑寵愛，兩人無所不談。當時楊皇后臨朝擅權，史彌遠長期把持朝政，朝中大臣如宰執、侍郎以及地方的重要官員大都是史彌遠所舉薦的。因此，趙竑對史彌遠權勢滔天極為不滿，曾多次在案桌上書寫楊皇后與史彌遠專斷朝政的事，並說：「應當把史彌遠發配到八千里以外。」宮牆上有地圖，趙竑指著瓊崖州說：「有朝一日一定要把史彌遠流放到這裡。」趙竑寵幸的美人很快就把這些話都告訴了史彌遠。趙竑還常稱呼史彌遠為「新恩」，以為日後自己即位，不是把他流放到廣東的新州就是恩州。史彌遠聽說後，就趁七月七日進獻奇玩的機會進一步試探趙竑的態度，趙竑則乘著醉酒把史彌遠所獻奇玩全部摔破在地上。

史彌遠得知後非常害怕，於是日夜籌思廢黜趙竑的計策，而趙竑竟沒有一點察覺。

朝臣真德秀當時兼任宮中教授，曾勸諫趙竑說：「皇子如果能孝敬慈母，尊敬大臣，那麼天命就會歸身；否則將深以為憂。」趙竑卻根本聽不進去。

一天，史彌遠趁到淨慈寺為他父親史浩還願的機會，與國子學錄鄭清之同登慧日閣，屏退隨從，私下密談說：「現在的皇子不堪其任，聽說沂王府的貴誠很賢德，如今正在給他選擇老師。你若能好好培養訓導他，將來事成之後，我現在的職位就是你的官職。不過，這樣的話只能出於我的口，入你的耳，倘若一語洩露，你我都要被夷滅九族。」鄭清之忙說：「不敢洩露。」於是，史彌遠便以鄭清之兼任沂王府的教授。鄭清之每天都教趙貴誠如何習文，又講解宋高宗時的御書，並讓貴誠夜以繼日地練習。鄭清之時常拜見史彌遠，向他出示貴誠的詩文翰墨，史彌遠皆讚不絕口。史彌遠也經常向鄭清之打聽貴誠的情況說：「我聽說皇姪已經賢德成熟，終究如何？」鄭清之說：「貴誠的賢德處數不勝數，然而用一句話概括，就是『不同凡響』。」史彌遠深思再三，更加堅定了廢黜趙竑之心，於是常在宋寧宗面前捏造趙竑的過失，企望寧宗廢黜趙竑，改立貴誠。宋寧宗心裡也開始動搖。真德秀聽說這事後，堅決要求辭去宮中教授的職務，臨行時，又把先前進諫趙竑的話說給他。趙竑始終不聽。

嘉定十七年（西元一二二四年）八月二十一日，宋寧宗患病。史彌遠讓鄭清之前往沂王府告訴貴誠，將立他為皇子，貴誠默然不應。鄭清之說：「丞相讓我與你長期交往，我就是他安排在你身邊的心腹之人，如今你默然不語，叫我如何回答丞相？」貴誠這才拱手施禮，慢吞吞地說：「我還有紹興老母在。」清之轉告彌遠，史彌遠更加稱頌貴誠孝敬不凡。

八月二十七日，宋寧宗病重，史彌遠矯詔以貴誠為皇子，改名趙昀。後宋寧宗在福寧殿病死，享年五十七歲。

史彌遠派楊皇后的兩個姪子楊谷和楊石將廢黜趙竑改立趙昀的事告訴楊皇后。楊皇后認為不可，她說：「皇子趙竑是先帝所立，怎麼能擅自改變。」楊谷等人一夜之間往返了七次，楊皇后終不答應。後來楊谷兄弟跪在地上哭著說：「內外軍民都已歸服趙昀，如果不立他，恐怕災禍就要臨頭，楊氏家族也就難逃活命了。」在這種情況下，楊皇后只好默然答應，過了好一會兒才說：「趙昀現在哪裡？」史彌遠立即派遣宮中快行宣趙昀進宮，並叮囑說：「如今所宣的是沂靖惠王府的皇子趙昀，而不是萬歲巷的皇子趙竑，如果有誤，你們都將被處斬。」趙竑聽說宋寧宗病死，便在家翹首以待，候詔入宮繼位。可是等了很久也不見宣詔的人來。於是他忍不住從牆縫中向外窺視，看見傳達宣詔的快行路過他的府第而不人，方生疑心。不久又見宮中快行簇擁著一人過其府，因天黑不知是誰，趙竑更加疑惑。趙昀被宣詔入宮見皇后，楊皇后撫摸著他的背說：「從今天起，你就是我的皇兒了。」

史彌遠領著趙昀到宋寧宗的靈柩前，舉哀完畢以後才召趙竑。趙竑聞命立即進宮，他的隨身侍從則被禁衛阻止在宮門之外。史彌遠也領著趙竑至宋寧宗靈柩前，舉哀完畢後則領出幕帷，由殿帥夏震看守。接著，史彌遠便召百官分站朝堂聽候宣讀宋寧宗的遺詔，讓趙竑仍然站在原來的舊位。趙竑愕然地說：「今日之事，我怎麼能站在此處？」夏震欺騙他說：「未宣遺詔前當在此處，宣讀遺詔後乃可即位。」趙竑信以為真。但很快就遙見殿上燭影中有人在御座上端坐，原來趙昀已經即位。史彌遠宣罷所謂的遺詔後，閣門相繼傳呼百官拜賀。趙竑不肯下拜，夏震揪著他的頭下拜，遂矯稱寧宗有遺詔，以趙竑為開府儀同三司，封濟陽郡王，判寧國府。

潛規則解讀

權相史彌遠為廢黜皇子趙竑而巧設美人計，趙竑果然中計。與此同時，史彌遠又暗自派遣鄭清之培養趙昀，這就為日後擁立趙昀奠定了基礎。史彌遠成功的關鍵是有心算無心，以至於他「日夕思以處竑，而彼不知也」。他與鄭清之的密約也無外人知曉。與此相反，趙竑對史彌遠的種種刺探，特別是以美女面目出現的間諜竟然毫無警覺，甚至鋒芒畢露地表白心機，又固執己見，聽不進朝臣的勸告，可見他對政治鬥爭的麻木無知。所以當史彌遠一手策劃的宮廷廢立大功告成之後，趙竑還被蒙在鼓裡，在家中坐等宣詔入宮即位，因此他被廢黜也就是情理之中的事了。

黃鼠狼為什麼給雞拜年？
——李蓮英設計「馴服」李鴻章

官是權力化身，有權就有一切！古之為官者，視權如命，不僅不容他人染指，還會想方設法地去打擊自己看不順眼的，瞧不起自己的人。明的不行就來暗的，不想親自動手就借刀殺人，總之，就是要整得對方服服貼貼。

封建王朝中，最後一個大權閹應該算是李蓮英了，此人極得慈禧太后的寵愛，權傾朝野。李蓮英借著慈禧這個大靠山，狐假虎威，他為人心狠手辣，老謀深算，睚眦必報。連當時掌管總理衙門，位高權重，不可一世的李鴻章他都敢肆意耍弄，其囂張跋扈可見一斑。

李鴻章此人雖甚有本領，但為討得慈禧歡心，卻賣國求榮，簽訂了一系列喪權辱國的條約，使得自己平步青雲，春風得意。人在得意時難免忘形，李鴻章為人雖然持重，但還是在不經意間得罪了李蓮英。

李蓮英心想：這老小子不知天高地厚，得給他點顏色看看，讓他老實點。

有一天，李蓮英笑嘻嘻地跟李鴻章說：「老佛爺近來有意靜居，想把清漪園修繕一番，以便頤養天年。苦的是籌款無術，時常焦躁。大人是朝廷重臣，若能體仰上意玉成此事，以慰太后，以寬聖心，當立下不世之功。」

李鴻章聽到有這樣巴結慈禧太后的好機會，豈肯輕易放過？當即滿口應承，並馬上獻計獻策，同李蓮英商量：以辦新式海軍為名，責成各疆吏歲撥定款，從中提取六七成作為造園經費。

李蓮英聽了大喜，拍手稱善。興辦新式海軍，振興國防，是誰也不會反對的堂而皇之地理由，誰敢不出錢？出師有名，籌款有術，那造園的經費還用煩惱嗎？李蓮英笑容可掬，著實奉承了李鴻章一番。看到李鴻章得意志滿的樣子，他憋在心裡已久的那口悶氣，彷彿就要爆炸的瓦斯一樣，鬧得他如火燒身，表面雖聲色不動，但心中卻有了主意，心想，也讓你見識見識我的手段！他謙恭有禮地對李鴻章說：

「既是籌款有術，就請李大人辛苦一趟，入園內踏勘一回，看看哪裡該拆該建，做到心中有數。老佛爺要是查問起來，我們也好回話。」

李鴻章看他想得周到，說得有道理，當然點頭贊成，哪會想到這個太監在施計暗算自己呢！

到了約定的日子，李蓮英藉口有事不能奉陪，派了個伶俐的太監領著李鴻章，園前園後，園左園右，實實在在逛了一整天。

事後不久，李蓮英故意挑了個光緒皇帝肝火最旺的時候，像聊天似的告訴光緒：

「聽說李中堂那天帶著個小太監，在清漪園裡足足逛了一天，山上水上玩得好不痛快……」

光緒自四歲進宮稱帝，從小懾於西太后的淫威，始終當著一個傀儡皇帝的角色，凡事都要看慈禧的臉色，自然有一肚子說不清道不明的委屈，他最忌諱的就是別人不尊重他的皇權帝位。聽說權傾當朝的李鴻章竟敢大搖大擺地在御苑禁地遊逛，頓時大怒，認為這是「大不敬」，是對皇權皇位的公然藐視和冒犯！光緒一怒之下，不問青紅皂白，立即下詔「申傷」，將李鴻章「交部議處」。

所謂奉旨申傷，就是由皇帝、太后或皇后派一名親信太監，捧著聖旨去指著某人的鼻子，當眾數落臭罵一頓。而被罵的人，既不能申辯，也不能回罵，還要伏在地上謝恩，因為罵人的太監代表著皇帝、皇太后或皇后呀！要是那太監學著皇帝皇后的口氣罵，可能還能忍受點，無奈那些太監總是用最不堪入耳的粗野的話，胡亂的臭罵，罵到最後還要跺著腳大喝一聲「混帳王八蛋滾下去！」這申傷雖不傷皮肉，卻是極使人難堪的侮辱性懲罰，因受辱不過，一氣成病，甚至一怒而死的都大有人在。

光緒年間，郵傳部剛剛成立，委任張百熙為尚書，唐紹儀為侍郎。張百熙向皇上謝恩後，就去拜見唐紹儀，說了很多自謙的話，唐紹儀用廣東方言回答他，張百熙聽不明白，彼此產生了誤會。第二天，唐紹儀回拜張百熙，請張百熙面奏皇上，調任一些官員充實郵傳部，並交了一份調任人員名單，張百熙答應了。等上頭宣布結果，唐紹儀提交的名單沒有一個人選中，唐紹儀十分氣憤。於是兩人關係惡化，都寫了奏摺揭發對方，奏摺都留在皇帝那裡沒有批示。他們兩人又都請了病假，不到部裡辦公，被御史彈劾，兩人都受到聖旨的指責，著太監申傷。唐紹儀把四百兩紋銀送給了太監，而張百熙不知道。等到傳張百熙跪著聽宣讀聖旨後，太監跺著腳大罵：「混帳王八蛋滾下去。」張百熙磕頭後站起來，面色蒼白。再要唐紹義聽宣讀聖旨時，卻沒有像張百熙那樣挨罵。張百熙更加氣憤，回家後就生了病，沒有多久，因憂傷而死去了。後來，還有一位任大學堂監督、編修的劉延深被申傷，他無法籌措四百兩銀子行賄，又不能忍受這樣的辱罵，十分為難只好派人向太監說情，交上二百兩銀子。到時，太監在斥責時，只罵了「混帳，下去」。這真是「半價半罵」。

李鴻章被御批申傷，他自然懂得其中奧妙，立即送上銀子，沒有當眾受辱。

李蓮英看到李鴻章使錢告饒，也出了心中那口惡氣，樂得「和氣生財」。

李鴻章呢，自然很快悟出吃虧的原委，從此以後便對這位「九千歲」刮目相看，禮敬如賓了。

潛規則解讀

李蓮英作為一個太監，竟作威作福近半個世紀而不倒，最後失勢時還能得保全身，這是其任何先輩權宦都不曾做到的。其人集聰明伶俐、狡詐陰險於一身，這一點從上面這個史例中就可以看出，明明是要設計陷害李鴻章，外表卻裝得像是極力為其幫忙，對其大拍馬屁；明明是無中生有，卻能說得頭頭是道，讓光緒帝龍顏大怒，差點讓李鴻章下不了臺，真稱得上是陰險至極

禍不入慎家之門——「四朝元老」郭子儀的生存之術

郭子儀是歷史上罕見的壽終正寢的大功臣，他歷玄宗、肅宗、代宗、德宗四朝，活了八十歲。德宗繼位後，甚至仿照周武王尊稱姜子牙為「尚父」，賜號郭子儀為「尚父」；郭子儀彌留時，德宗派兒子舒王李誼代表他親自前往省問，他的一生可謂「寵遇冠於人臣」。這所有的一切，古往今來多少文臣武將欲求其一而不可得，為什麼郭子儀卻都囊括了？為什麼他能夠做到功高而主不疑，而且能安安穩穩舒舒服服

壽終正寢？為什麼他能破了「狡兔死、走狗烹，飛鳥盡、良弓藏，敵國破、謀臣亡」這個官場定律？

主要原因就是他為人謹慎，擅長中庸之道，懂得水至清則無魚，人至察則無徒的官場潛規則，心態寬容大度之極，而能做到這一點的大功臣在歷史上是沒有幾個的。

郭子儀，華州鄭縣（今陝西華縣）人。其父郭敬之曾做過唐朝五個地方的刺史，也算是世家子弟。郭子儀其人儀表堂堂，身高七尺三寸，勇武不凡。唐玄宗天寶十三年，為天德軍使，兼九原太守、朔方節度右兵馬使。如果沒有「安史之亂」，估計郭子儀會像許多唐王朝的中高級官員一樣，庸庸無為，度過富貴而乏味的一生。

安史之亂爆發後，郭子儀率領朔方軍（駐今陝西靖邊縣境）從北線進攻安祿山，此後累立軍功，先後以功進位司空、代國公、中書令、汾陽郡王。唐德宗即位後，尊其「尚父」，進位太尉、中書令。唐肅宗李亨曾對他說過「雖吾之家國，實由卿再造」。意思是，李唐的天下是因郭子儀之功而復得的。

古往今來，功高震王而被奸臣讒陷、被人主疑忌不得善終者不可勝數。但郭子儀以重造乾坤之功立身朝堂二十多年，位極人臣，安享窮奢極欲之福壽，同僚不嫉妒不低毀，肅宗、代宗、德宗三個皇帝更迭，卻沒有一個皇帝疑忌他。

人們對他不嫉不非，與他做官的謹慎態度有關。以下這兩個事例最能展現郭子儀做官的謹慎。

郭子儀通常在家裡接見朝中官員時，他的姬妾從來不用回避。這樣做其實不是讓別人看到自己的老婆有多漂亮，而是說明自己對客人如家人一樣，拉近了與眾多官員的距離。只是有一次朝廷官員盧杞前來拜訪時，郭子儀趕緊讓眾姬妾退下，自己正襟危坐，接待這位當朝命官。

盧杞走後，家人詢問原因，郭子儀說道：「盧杞此人，相貌太過於醜陋，最怕人說他，哪個說他他必心裡記恨。我不讓姬妾見到他，是怕她們見到他的醜樣會笑出聲來，盧杞必然懷恨在心。現在他是小官，萬一將來他大權在握，追憶前嫌，我郭家就要大禍臨頭了。所以我這樣做，是給他留點情面，也是為我們郭家留下後路呀。」後來盧杞當上宰相，小人得勢，害了不少人，總是將自己的敵人置於死地，以前笑過他的人也都被狠狠地修理過，但他唯獨沒有找郭子儀家的麻煩，這也應驗了之前郭子儀的預言和判斷，一場大禍被謹慎的郭子儀消弭得不著痕跡。

郭子儀立有大功，唐代宗對他很尊重。但郭子儀知道，唐代宗也是個昏君，而且他身邊有元載、魚朝恩等奸臣，所以舉止十分謹慎。他每天都把家裡重重門戶打開，常有家醜外揚。兒女們都勸他不要這樣做，他說：「我把門戶打開，正是要讓大家共見共聞，讒言就無從產生。如果關上門戶，猜疑就接踵而至，必然會招致滅族。兒女間的爭吵，何足介意。」

郭子儀的第六個兒子郭暖娶唐代宗的第四個女兒升平公主為妻。大約在唐代宗大曆二年（西元七六七年）二月，小夫妻吵架，可能是升平公主言語之中說自己是公主，出身高貴，郭暖氣怒之下說：「汝倚乃父為天子耶？我父薄天子不為！」意思是說，你仗恃你爸爸是皇上嗎？我爸爸不稀罕做皇上！

這種「比父親」的拌嘴，在當時社會裡，郭暖的話實際上犯了對皇上不敬的大罪。當時升平公主一氣之下坐車跑到宮中告訴了唐代宗。唐代宗倒是明白事理，安撫公主道：「此非汝所知。彼誠如是，使彼欲為天子，天下豈汝家所有耶？」意思是，這件事你是不明白的，他說得確實對。如果他們想做皇上，天下早就不是我們家的了。當下勸公主回到郭家去。

郭子儀知道了這件事，馬上認真起來，將郭暖囚禁，押到朝堂待罪，唐代宗說了一句名言：「鄙諺有之：『不痴不聾，不做家翁。』兒女閨房之言，何足聽也！」郭子儀見皇上不肯處治郭暖，回府後自己將郭暖杖罰數十。這件事表現出唐代宗對郭子儀的深信不疑和寬容大度，也可看出郭子儀謹慎為官的態度：不管上司怎樣寵信自己，都不會因此而忘乎所以。

潛規則解讀

官場險惡，哪怕立有再大的功勞，也難保一生之平安，有時甚至是功勞越大，危險越大。封建君主最擔心的就是功勳顯赫的權臣，而奸佞之臣也對其嫉之入骨，一不小心，就可能落得兔死狗烹的下場。而應對的最好辦法就是謹慎為官，只有這樣才能不招人疑，才能自保。

不怕千著巧，只怕一著錯——李斯一步走錯步步錯

李斯是秦統一六國的智囊，可謂當時天下第一聰明人。但就是這樣一個人卻因為

一著不慎，而被奸宦趙高抓住了軟肋，成為其謀權的工具，之後又被陷殺，這其中有著什麼樣的玄機呢？

西元前二一〇年七月，秦始皇忽然死在了沙丘，也就是今天河北省廣宗縣境內。

秦始皇一死，趙高認為此乃天賜良機，便與胡亥一起密謀，準備假借始皇的命令，殺掉扶蘇，立胡亥為太子。胡亥對趙高的陰謀舉雙手贊成。但趙高又說：「不拉上李斯，這件事難辦成。」

於是趙高去找李斯，對李斯說：「皇上賜給公子扶蘇的書信和符璽，現都在胡亥手裡。皇上已死，無法活過來，要定誰是太子，就看你我兩人的意見了。你看這事怎麼辦好？」

李斯開始並不買趙高的帳，說：「你怎麼說出亡國喪家的話呢！這不是為人臣的所能說三道四的！」

趙高見李斯一本正經，就先給他戴高帽：「丞相才能出眾，考慮問題周到，勞苦功高，而又沒有怨言。」接下便挑撥說，「但我看你哪方面都不能和蒙恬將軍比。你自己想想，扶蘇是信任你，還是信任蒙恬呢？」

李斯也非常痛快的承認了，說：「我的確比不了蒙恬，公子扶蘇也更相信他。」

趙高又進一步引導李斯，說：「公子扶蘇登上皇帝寶座後，我敢肯定，必用蒙恬為丞相，君侯最終不過懷著徒有虛名的通侯之印榮歸故里罷了。胡亥為人仁慈寬厚，輕財重士，嘴上不會說，但心裡有數，我看秦中諸子沒有能比得上他的，做皇帝的繼承人毫無問題。你好好考慮考慮，早點定奪這件大事。」

李斯最終還是被趙高說服了。於是，二人合謀偽造秦始皇給丞相的遺詔，立少子胡亥為太子，並篡改始皇給公子扶蘇的信，斥責扶蘇不能為國家建功立業，屢次上書誹謗皇上，蒙恬失職，不能及時規勸扶蘇改邪歸正，二人一併賜死。

李斯之所以在沙丘與趙高合作，是信服了趙高的分析。他把蒙恬作為最重要的對手，聯合趙高，矯詔除掉扶蘇與蒙恬。這樣，李斯就以為，在大秦帝國政界，自己就沒有分量足夠的對手了。

李斯肯定自以為這個想法不錯。表面上看確實是這樣，功勞和才能，還有誰比自己更強呢?至於皇帝，是自己矯詔擁立的，肯定會感謝自己、信任自己、倚靠自己。長保富貴，似乎沒有任何問題。

但李斯恰恰錯了，而且是一步走錯步步錯。

秦二世即位以後，趙高為了實現其獨攬大權的政治野心，教唆秦二世實行「嚴法而刻刑」的殘暴統治，他狐假虎威，濫用權威，做盡壞事，並接二連三地誅殺了許多無辜的大臣。然而對於丞相李斯，他卻遲遲不敢下手。因為李斯不光是協助秦始皇完成統一大業的主要功臣，而且也是沙丘政變扶助二世登上皇位的參與者。對於這樣一個有擁立之功的開國元勳，秦二世還是頗有親近之情、倚重之心的。趙高本人也對李斯的資歷、聲望懼怕三分，所以不得不把李斯暫且放過。但李斯一日不除，趙高便一日不得安寧，到了秦二世二年（西元前二〇八年）時，趙高便開始全力以赴地對付李斯了。

趙高對李斯的陷害，首先是從挑起秦二世對他的厭倦、反感和疑心下手的。

李斯在歷史上算不上是一個合格的忠臣，他甚至為了自己的功名而害死了同窗好友韓非，但是從根本上來說他還算是一個心懷天下的賢臣，看到秦二世統治無道，他就一直想找個機會進諫，然而由於趙高暗中作怪，再加上二世總待在後宮不見朝臣，所以李斯一直未能找到機會。有一天，趙高前來求見李斯。他裝出一副畢恭畢敬的樣子對李斯說：「關東群盜多，現在函谷關以東盜賊蜂起，而聖上還想徵繇役修阿房宮，搜集無用的玩物，我想勸諫但地位低賤，不夠資格，您是丞相，怎麼不出面勸諫呢？」李斯不知這是趙高設下的圈套，便急忙表態，說他早就想向二世進諫，只因沒有機會而未有所言。

趙高一看李斯上了鉤，心中暗喜，當下便自告奮勇地表示願意助成其事，一旦看到皇帝閒暇無事，便來通知李斯入宮求見。李斯信以為真，對趙高滿口稱謝。誰知趙高卻總是在秦二世擁紅依翠、飲酒作樂之時通知李斯，說是「皇上正閒著呢，可速來秦事」。李斯不知受騙，便急急忙忙地「來到宮門外要求進見」。秦二世當然不會見他，李斯只好快快而退。如此反覆多次，秦二世終於被激怒了，他對著趙高發問：「我平常閒著的時候，丞相不來見我，一旦我正與眾女玩樂，他卻跑來奏事，這不是瞧不起我，讓我難堪嗎？」二世懷疑李斯是欺他年輕，看不起他，誠心與他為難。趙高馬上火上澆油，做出憂心忡忡的樣子回答說，丞相如果真有此心，那可就太危險了。他還提醒秦二世，李斯是知道他當上皇帝之內幕的，攻擊李斯有政治野心。接著，他又當面造謠，說李斯的長子、三川郡守李由與叛軍頭領陳勝有暗中往來，最後又別有深意地說了一句：「另外丞相在外權力比陛下還大啊。」秦二世聽了趙高的這一番挑撥離間、誣衊造謠的鬼話，火冒三丈，當即下令調查李由勾結陳勝之事，李斯的性命、地位，一下子變得岌岌可危了。

李斯當然不肯坐以待斃，得知詳情後，他立刻向秦二世上奏，申訴自己為趙高矇騙的事實，並且揭發了趙高「擅利擅害」、弄權干政的罪行，提醒秦二世要防範趙高犯上作亂。但秦二世已受趙高蒙蔽太深，接到李斯的奏書後，非但未有醒悟，反而極力為趙高辯護，並進而質問李斯是何居心。李斯爭辯說，趙高的確是個「無識於理，貪欲無厭，求利不止，列勢次主，求欲無窮」的危險人物，不能不防。秦二世竟把李斯的話原原本本地告訴了趙高。趙高乘機挑撥說，丞相現在最害怕的就是我趙高了，我只要一死，他就要殺君謀反了。秦二世聽了，勃然大怒，馬上下令逮捕李斯，由趙高負責審訊。至此，李斯已是必死無疑了。

趙高說李斯父子與陳勝合謀，本來純屬無中生有的誣陷。但為了掩蓋自己的卑鄙用心，趙高卻用嚴刑拷打的殘酷手段，逼迫李斯承認了這強加的罪名。李斯雖然屈打成招，但仍然心存僥倖。他自恃清白無辜，又有大功於秦，便自獄中上奏秦二世，自述其功績，表白自己對秦室的忠心，想感動秦二世，赦免自己。但這份奏書卻落到了趙高的手裡，他破口大罵：「囚犯怎麼能向皇帝上書呢？」下令獄吏將奏書扔掉不給二世看。為了防止李斯改口翻供，趙高還極其險惡地定出詭計，讓自己的親信偽裝成秦二世派來的使者，輪番提審李斯。開始李斯不知這些人是假使者，便訴以實情，說自己是屈打成招。結果不僅未能翻案，而且還招來一頓毒打。經過十幾次這樣的提審，李斯已被打得死去活來，再也不敢喊冤叫屈。後來，秦二世果真派人前去獄中複審，李斯以為這又是趙高的爪牙，便老老實實地承認了所有的罪狀。秦二世看到李斯的口供，還頗為後怕地說：「哎呀！如果沒有趙高你，我幾乎被丞相給害了。」這時，李由已被民軍殺死，調查使者兩手空空回到咸陽，趙高便鑽這個死無對證的空子，憑空又給李由捏造了許多罪狀。至此，李斯父子謀反，已是鐵案如山。七月，秦二世便下令將李斯具五刑、腰斬於咸陽市。一代名相，就這樣死於非命。秦朝的大權，完全落入趙高之手。

潛規則解讀

古往今來，貪戀富貴、唯利是圖之人總沒有好下場。由於他們的私心埋藏很深，在一般情況下不會凸現，但到權大名高時，到生死考驗時，其陰暗的人生觀、價值觀就顯露出來，而其最終往往會將自己拖入滅亡的泥淖。

趙高策動政變，欲改變秦始皇的遺詔，立胡亥，殺扶蘇。論當時李斯的地位和權力，是遠遠高於趙高的，對趙高的倒行逆施，李斯完全有能力制止。但是他只想保住自己的榮華富貴，卻忘記了自己的職責，在趙高軟硬兼施，威脅利誘之下，被拉上賊船，結果是一步走錯步步錯，最終餘手把自己推向了身死的悲慘結局，這實在是令人慨嘆！

第六章　通權變——能屈能伸大丈夫

不瘋魔，不成活——孫臏詐瘋巧脫身

孫臏在軍事上的能力在當時確實無人可及，然而，正所謂金無足赤，人無完人，這位當世無匹的兵家一心鑽研軍事，卻因此而昧於世故。他對險惡的世情知之甚少，毫無應付的準備，被用於齊國前一度落入「好友」的陰謀圈套裡，幾乎丟掉性命，最終靠作瘋病，吃盡了苦頭，才逃得一條性命。

孫臏是戰國時期的著名軍事家，與龐涓同師鬼谷子，但在才智方面超過龐涓。鬼谷子因孫臏性格單純質樸，不像龐涓那麼刻薄寡恩，便對他厚待一層，偷偷地將孫臏先人孫武所寫兵書《孫子兵法十三篇》傳授給他。

有一年，龐涓聽說魏國正在招賢，他自認為學得差不多了，可以博取功名，就辭行下山。臨走時，孫臏相送話別，龐涓向孫臏表示一旦有出頭之日，必與孫臏共用榮華，他對孫臏說：「我與你有同門之誼，交情深厚，誓同富貴，此行若有進身機會，一定力薦你，我們一起共創大業。」

龐涓到了魏國，魏惠王見他一表人才，韜略出眾，便拜為軍師，對其極為信任。

而龐涓也沒辜負惠王所望，他東征西討，屢建奇功，敗齊一戰，聲鎮諸侯。龐涓之名，震驚各國。龐涓雖顯赫不可一世，心裡卻還妒忌著一個人，那就是他的師弟孫臏。因為孫臏具有祖傳的兵法，在軍事的天分又遠勝過自己，一旦給予機會，必將會壓倒自己，故始終不予舉薦。

鬼谷子與當時墨派家師、開創人墨子關係非同一般，相交甚密。有一次墨子來探訪鬼谷子，見到孫臏，交談之下，嘆為兵學奇才。墨子到了魏國之後，在魏惠王面前舉薦孫臏，說他獨得其祖孫武祕傳，軍事謀略天下間無有匹敵。惠王大喜，知孫臏與龐涓是同窗好友，就命龐涓修書聘請。龐涓明知若孫臏一來，必然奪寵，但魏王之命，又不敢違抗，只好遵命修書，遣人送去。鬼谷子是中國歷史上著名的隱士高人，深通各種詭道之術，他知道孫臏此去凶險難測，但天機不可洩漏，只好在他名上加一「肉」字（孫臏，原為孫賓），並給其錦囊一個，吩咐他必須到危機時候方可拆看。

孫臏拜辭老師，隨魏王使者下山趕赴魏國，見了魏王，縱談兵法謀略，魏王大悅，欲拜其為副軍師，與龐涓同掌兵權。龐涓卻說：「臣與孫臏，同窗結義，臏實臣之兄，豈可以兄為副？不如權拜客卿，候有功績，臣當讓位，甘居其下。」魏王大喜，於是拜孫臏為客卿。孫臏對龐涓更是感激涕零，引以為知己，卻不知，這番義氣之中暗藏著殺機，這是龐涓已心懷陷害孫臏之心。從此，孫、龐兩人頻繁往來，但彼此相處，龐涓卻總是心懷鬼胎，欲除這位同門師弟而後快，但又因孫臏熟讀兵法，想待其傳授後再下毒手。

有一次，孫、龐二人在惠王面前演練陣法，孫臏是個真誠之人，不知道藏機，在魏王面前大勝龐涓，這更讓他的這位「好師兄」懷恨在心。經過一番策劃，他製造了孫臏私通齊國的假象，並報告魏王。魏王一聽，雷霆大怒，削去了孫臏的官職，發交龐涓監管。龐涓又進一步落井下石，私奏魏王，將孫臏雙足削去。孫臏並不知這一切都是龐涓所為，他還為龐涓在魏王面前為自己求情而感激萬分呢，就答應龐涓的要求，在竹簡上刻上祖傳的《孫子兵法》，想要交給龐涓。幸好，龐涓派去照料孫臏的僕人是個仗義之人，把這一切全都告訴了孫臏。孫臏大吃一驚，兵法當然不能繼續刻了，但若不刻，必死無疑。情急之中，他打開了臨別時鬼谷子送的錦囊，見裡面有一條黃絹，上寫有「詐瘋魔」三字。孫臏頓時有了主意。

晚上，飯送了上來，孫臏舉起筷子，忽然撲倒在地上，作嘔吐狀，一會兒又大聲叫喊：「你何以要毒害我？」接著把飯盒推倒在地，把刻寫的竹筒，全扔進火爐，口裡不斷地說著胡言亂語。看守不知是詐，慌忙去票報龐涓。次日龐涓來看，見孫臏痰涎滿面，伏地哈哈大笑，忽而又大哭。龐涓問：「兄長為何又哭又笑呢？」孫臏說：「我笑魏王想害我命，而不知我有十萬天兵保護；我哭的是魏國除我孫臏之外，無人可當大將。」說完，瞪眼盯住龐涓，叩頭不已，口叫：「鬼谷先生，您救我一命吧！」龐涓說：「我是龐涓，你不要認錯人！」孫臏抓住他的袍子不肯放手，亂叫：「先生救我！」

龐涓見孫臏這樣，心裡還是很懷疑，認為可能是孫臏詐癲裝瘋。回去後他想試探其真假，就命令左右把孫臏拖人豬圈裡。豬圈裡糞穢狼藉，髒臭不堪，孫臏披頭散髮，若無其事地躺在屎尿中。不久，有人送來酒食，說是哀憐先生被刖之意。孫臏一看就知道是龐涓耍的花招，怒口大罵道：「你又來毒我麼？」一把把酒食打翻在地。使者順手拾起一塊豬屎給他，他拿起後有滋有味地嚼起來，後吞進肚裡。使者把情況回報給龐涓，龐涓這才相信孫臏真的瘋了，從此對孫臏不加防範，任其出人，只派人跟蹤而已。孫臏這「瘋子」行蹤不定，早出晚歸，一直住在豬圈裡，有時爬不動了，就睡在街邊荒屋裡，隨便撿到什麼就往嘴裡塞，魏國人都以為他真的瘋了。

過了一段時間，齊威王派使者到魏國拜訪，使者知道了孫臏的處境後，就設法將他營救到了齊國。孫臏歸齊後，受到齊王重用，被拜為軍師，後他用「圍魏救趙」之計大敗龐涓，以「減灶」之法在馬陵道射殺龐涓，終報得大仇。

潛規則解讀

孫臏在身陷囹圄之時，冷靜沉著，故意裝得愚蠢瘋傻，忍受巨大的恥辱與折磨，騙過龐涓，保住了性命。在馬陵之戰中，孫臏以卓越的軍事才能，設計除掉了死對手龐涓，洗刷了恥辱。「裝瘋魔」可以說是古代政治爭鬥中常見的一種謀略，但真正要想用成功，卻並非一件易事，不僅要能忍常人所不能忍，還要有足夠的毅力，有做持久戰的準備，實乃非一般人所能做到的。

披著狼皮的羊才是好羊——盧蒲癸兄弟忍辱偷生除國賊

披著狼皮混跡狼群，讓狼對自己掉以輕心，讓狼完全把自己當作同類，然後再找準時機反擊，為被狼殘害的羊們報仇。當然這種現象在動物界是不存在的，但在官場中，這一現象卻屢見不鮮。

周靈王二十三年，齊國相國崔杼聯合大夫慶封詐病殺了齊莊公，擁立齊景公。齊莊公的一干親信舊臣則多遭屠戮，只有王何、盧蒲癸等「勇爵」苟且偷生。

有一次，王何為了一試盧蒲癸真心，對盧蒲癸說：「主公一向對我們不錯，現在他給人害了，我們也應同死，才能報答主公對我們的情義。」

盧蒲癸本就氣恨難平，只是忍辱偷生，聽聞此言，盧蒲癸說：「死有何用？要想真心報答主公的情義，我們不如從長計議，暫且逃到別的國家。等將來有機會，再替主公報仇。」

於是這二人便對天立誓，相約以後定要為齊莊公報仇，然後二人各自投奔他國。盧蒲癸跑到了晉國。

盧蒲癸為人極有智謀，他知道憑一己之力很難扳倒崔杼和慶封，便在臨走前，對兄弟盧蒲嫳說：「主公設立勇爵之位，就是為了自衛。現在主公被崔氏所害，我們要是再死了，對主公有什麼好處？所以我決定暫時躲避一下。我走後，你一定要想辦法接近慶封，並取得他的信任，然後再想法讓他召我回來。這樣，我們就有辦法替主公報仇了。」

盧蒲癸走後，盧蒲嫳便投靠了慶封，對他處處迎奉，很快便取得了慶封的信任，成為慶封的心腹。

在謀殺了莊公之後，崔杼大權獨攬，專權益甚，慶封看在眼裡，氣在心中，有了要除崔杼之心。恰巧崔杼家中有了內亂，崔杼前妻的兩個兒子崔成、崔彊因不滿父親寵信東郭堰、棠無咎和崔明，想將他們殺死。

盧蒲嫳看準時機，出謀要慶封乘機除去崔杼。崔成、崔彊在慶封的幫助下，殺了東郭堰、棠無咎，而慶封反過來又殺了崔成、崔彊。崔杼見自家內亂，害得家破人亡，便自殺身亡。慶封從此獨攬齊國大權，對盧蒲嫳也更加信任。

慶封在逼死崔杼，掌握大權之後變本加厲，比崔杼的荒淫無道更為嚴重，荒淫自縱無法無天。有一天在盧蒲嫳家中做客時，盧讓其妻出來勸酒，慶封見其妻年輕美貌，便有心與她私通。盧蒲嫳一心想讓慶封把他哥哥盧蒲癸召回來，所以在這種事上，也是睜隻眼閉隻眼。

看到朝中再無對手可與自己相爭，慶封就將軍政大權交給了兒子慶舍，自己天天沉湎於酒色之中，還讓妻妾搬到盧蒲嫳家中去住，與盧蒲嫳來了個換妻大會，慶封與盧蒲嫳的妻子同眠，盧蒲嫳也與慶封的妻妾同宿，互不禁忌。有時兩家妻小合坐一處，就像一家一樣，飲酒作樂，醉了便胡天胡地，亂作一團。旁人見了都掩口偷笑，慶封與盧蒲嫳卻不在意。

有一天，盧蒲嫳乘慶封高興，就請求他把自己的哥哥召回來，慶封毫不猶豫地答應了。

盧蒲癸回到齊國後，慶封見他有能力，就叫他去伺候兒子慶舍。

慶舍是個大力士，見到曾是齊莊公「勇爵」成員之一的盧蒲癸也能力舉千斤，就非常喜歡他，並把女兒嫁給盧蒲癸，從此二人翁婿相稱，更加親熱。

慶舍常常帶著盧蒲癸出去打獵。盧蒲癸乘機顯露本事，慶舍直誇獎他的能耐。

盧蒲癸說：「這算什麼？我的朋友王何比我強多了。」

慶舍一聽，立刻又叫盧蒲癸把王何請回齊國。

自從崔杼聯合慶封殺了齊莊公後，慶舍唯恐自己被人暗算，每逢出門，都帶貼身衛士防衛。所以，有了盧蒲癸與王何兩勇士後，慶舍便讓他二人做了自己的貼身衛士，不離左右。

盧蒲癸、王何逃亡數年後，終於又回到了齊國，並取得了慶封、慶舍父子的信任。後來，他們乘慶封外出打獵，聯合幾位大夫，終於殺了慶舍。慶封逃到吳國，後被楚靈王所殺。齊莊公的大仇也終得報。

潛規則解讀

在自己處於劣勢時，韜光養晦，委曲求全，暫時隱藏勢力，討好、蒙蔽敵人，暗中則發展壯大自己的實力，伺機待發，往往能一擊致命。然而這一點在封建官場的忠臣義士身上卻很少發現，究其原因無非是傳統文人只知為盡忠義可慷慨赴死，卻不懂隱忍變通之術，不懂得「留得青山在，不怕沒柴燒」的道理。相反，在這一方面，那些奸臣賊子就懂得變通。忠臣之所以很少鬥得過奸臣，這無疑是一個重要原因。而盧蒲癸兄弟在與逆臣崔杼、慶封的角力中的這種「隱智」工夫無疑要比那些只知「死忠」的臣子要高明得多。

留得青山在，不怕沒柴燒——武則天雌伏待變

天地的運行是永恆不變的，但是人的生命只有一次，死後就不再復活。一個人最多只能活百歲，生命是老本，留不住這座「青山」，還談什麼理想與抱負？「留」是一種智慧性的屈和忍，是日後「伸」的先決條件。

武則天剛滿十四歲，已是豔名遠播，被唐太宗召入宮中，不久封為才人，又因性情柔媚無比，被唐太宗暱稱為「媚娘」。當時宮中觀測天象的大臣紛紛警告唐太宗，說唐皇朝將遭「女禍」之亂，某女人將代李姓為唐朝皇帝。種種跡象表明此女人多半姓武，而且已入宮中。唐太宗為子孫後代著想，把姓武之人逐一檢點，做了可靠的安置，但對於武媚娘，由於愛之刻骨，始終不忍加以處置。

唐太宗受方士蒙惑，喜服丹藥，雖一時精神陡長，縱欲盡興，但過不多久，便身形稿枯，行將就木了。武則天此時正值青春年少，一日太宗離世，便要老死深宮，這是她所不甘心的，於是她時時留心投靠新主子的機會。太子李治見武則天貌若天仙，仰羨異常。兩人一拍即合，很快就定了山盟海誓。只等唐太宗撒手，便可仿效

比翼鴛鴦了。

不料太宗一世梟雄，為人的機警非常人可比，自知將死時，還想著要確保兒子的皇帝位置，要讓頗有嫌疑的武則天跟隨自己一同去見閻羅王。臨死之前，他當著太子李治之面問武媚娘：「朕這次患病，一直醫治無效，病情日日加重，眼看是起不來了。妳在朕身邊已有不少時日，朕實在不忍心離你而去。妳不妨自己想一想，朕死之後，妳該如何自處呢？」

武則天也是絕頂聰明之人，哪還看不出自己身臨絕境的危險呢！怎麼辦？她知道，此時只要能保住性命，就不怕將來沒有出頭之日。然而要保住性命，又談何容易？唯有丟棄一切，方有一線希望。於是趕緊跪下說：「妾蒙聖上深恩，本該以一死來報替。但聖躬未必一病不癒，所以妾才遲遲不敢就死，妾只願現在就削髮，長齋拜佛，到尼姑庵日日拜祝聖上長壽，聊以報效聖上的恩寵。」

唐太宗一聽，連聲說「好」，並命她即日出宮，說：「省得朕為你勞心了。」原來唐太宗要處死武則天，但心裡多少有點不忍。現在武則天既然敢於拋卻一切，脫離紅塵，去當尼姑，那麼對於子孫皇位而言，活著的武則天等於已死的武則天，不可能有什麼危害了。

武則天拜謝而去。站在一旁的太子李治卻如遭晴空霹靂，動也動不了。唐太宗卻在自言自語：「天下沒有尼姑要做皇帝的，我死也可安心了。」

李治聽得莫名其妙，也不去細想。後借機溜出來，去了武則天臥室。見武則天正在檢點什物，便對她嗚咽道：「卿竟甘心撇下我嗎？」武則天道：「主命難違，只好走了。」語未畢，就已淚如雨下，泣不成聲了。太子道：「妳何必自己說願意去當尼姑呢？」武則天鎮定了一下情緒，把自己的計策告訴了李治：「我要不主動說出去當尼姑，只有死路一條，留得青山在，不怕沒柴燒。只要殿下登基之後，不忘舊情，不沉靦妃妾，那麼我總會有出頭之日。」

太子李治十分佩服武則天的才智，當即解下一個九龍玉佩，遞給她作為信物，並發誓：「我若負卿，不得善終。」

果然，李治登基不久，武則天再次進宮，後來還成為中國歷史上名聲赫赫的一代女皇。不僅為自己，也為歷史上的所有女性爭了一口氣。

潛規則解讀

從本故事中可以看出武媚娘的機智之處在於：面臨危難能迅速分清主次，並且能果斷地棄去眾多的次要利益，以便讓對方認可，從而保留住了性命——主要利益。人若能明白此理，那麼，青山主人又怎麼懼怕大火焚山？青山尚在，何愁無柴可燒？

示弱非真弱，扮豬吃老虎——王曾以驕敵之計除丁謂

兵書曰：「羽翼未豐遭眾忌，乃招禍之端。」古代頗有心計的權謀家總是善於掌握形勢，與強大的敵人周旋總是會隱藏自己真正的實力，示弱於對方，這是他們最終取得勝利的有效法寶。

丁謂是宋朝有名的奸臣，在他任丞相期間，他誘使宋真宗沉迷於迷信，什麼天降神書呀，什麼泰山封禪呀，弄得烏煙瘴氣，勞民傷財。他是寇準一手舉薦提拔的，可是他一旦得勢，就不擇手段的設計陷害寇準，想置他於死地。他勾結真宗的劉皇后，狼狽為奸，興風作浪，破壞真宗和太子之間的父子關係，幾乎把太子廢掉。太

子繼承帝位，是為仁宗。丁謂又把朝政大權攬在自己手中，上欺仁宗，下壓群僚，一手遮天，威勢赫赫，誰也不敢惹他。

丁謂把持朝政，剷除異己的手段極陰狠，其有兩大絕招：一個絕招就是把仁宗孤立起來，不讓仁宗和其他的大臣在私底下相見，文武百官只能在正式朝會時見到仁宗。朝會一散，各自回家，誰也不准留身單獨和皇上交談。第二個絕招是「瞎子告黑狀」，憑空誣人罪名。凡是稍有忠直之心，不願附和丁謂的執政大臣，丁謂就一律給其扣上一個罪名，從朝中趕走，所以朝廷中對一切軍國大事總是以丁謂的意志為意志。輿論一色，政見一致，似乎安定團結得很。丁謂則高踞於權勢的頂峰，自以為穩如泰山，可以高枕無憂。

然而，就是這一個老謀深算，隻手遮天的大權奸卻為另一個更具有謀略的良臣所算，被其扳倒，這就是時任參知政事的副宰相王曾。

王曾其人雖深居高位，卻整天裝作迷迷糊糊的憨厚樣子。在宰相丁謂面前總是唯唯諾諾，從不發表與丁謂不同的意見，朝會散後，他也從不打算撇開丁謂去單獨謁見皇上。日子久了，丁謂對他越來越放心，以至毫無戒備。

有一次，王曾哭哭啼啼地向丁謂說：「我有一件家事不好辦，很傷心。」丁謂關心地問他什麼事如此為難。他撒謊說：「我從小失去父母，全靠姐姐撫養，得以長大成人，恩情有如父母。老姐姐年已八十，只有一個獨生子，在部隊裡當兵。他身體弱，受不了當兵的苦，被軍校打過好幾次軍棍。姐姐多次向我哭泣，求我設法免除外甥的兵役……」丁謂說：「這事很容易辦吧！你朝會後單獨向皇上奏明，只要皇上一點頭，不就成了？」王曾說：「我身居執政大臣之位，怎敢為私事去麻煩皇上呢？」丁謂笑著說：「你別古板了，這有什麼不可以的！」王曾裝作猶豫不決的樣子走了。

過了幾天，丁謂見到王曾，問他為什麼不向皇上求情。王曾囁嚅地說：「我不便為個外甥的小事而擅自留身……」丁謂爽快地回答他：「沒關係，你可以留身。」王曾聽了，心中大喜，裝出非常感激的樣子，而且還滴了幾點眼淚，但他知道還不是真正行動的時候。幾次朝會散後，丁謂仍不曾看到王曾留身求情，於是又問王曾：「你外甥的問題解決了嗎？」王曾搖搖頭，裝作很難過的樣子：「姐姐總向我嘮叨沒完沒了的，我也不好受。」說著說著，又要哭了。丁謂這時不知是真起了同情心，還是想借此施恩，表示對王曾的關心，竟一再動員王曾明天朝會後獨自留身，向皇上奏明外甥的困難，請求皇上格外施恩，免除外甥的兵役。他還埋怨王曾太迂腐，太不關心年老的姐姐。王曾遲疑了一陣，總算打起精神，答應明天面聖。

第二天早朝時，當文武百官朝見了仁宗和劉太后後，朝會散去，眾人各自回家，副宰相王曾卻請求留下來議事，單獨向皇上奏事。而宰相丁謂當即批准他的請求，把他帶到太后和仁宗面前，自己退了下去。但是他還是不太放心，便守在閣門外不走，想探聽王曾究竟向皇上講了一些什麼話。

王曾一見太后和仁宗，便充分揭發丁謂的種種罪惡，力言丁謂「為人陰謀詭詐，多智數，變亂在頃刻。太后，陛下若不巫行，不唯臣身粉，恐社稷危矣。」一邊說，一邊從衣袖裡拿出一大疊書面資料，都是丁謂的罪證。王曾早就準備好了的，今天一件件當面呈給劉太后和宋仁宗。太后和仁宗聽了王曾的揭發，大吃一驚。劉太后心想：「我對丁謂這麼好，丁謂反要算計我，忘恩負義的賊子，太可恨了！」她氣得火冒三丈，下決心要除掉丁謂。至於仁宗呢？他早就忌恨丁謂專權跋扈，只是丁謂深得太后的寵信，使他投鼠忌器，不敢出手，而且自己被丁謂隔絕，沒法了解朝中的情況，不知道王曾等人的底，感到孤立無援罷了。今天和王曾溝通了，又得到太后的支持，自然更不會手軟。

王曾在太后和仁宗面前談了一個上午，直談到吃午飯的時候還沒完。丁謂等在閤門外，見王曾很久不出來，揣知王曾絕不是談什麼外甥服兵役的問題，一定是談軍國大政。他做賊心虛，急得跺腳揪耳朵，一個勁地自怨自艾：「上當了！太晚了！來不及了！」當王曾來到閤門外遇見丁謂時，丁謂惡狠狠地瞪了王曾一眼，王曾向他拱手致意，他不睬不理，怒氣衝衝地走了。但丁謂已沒法逃脫遠貶崖州（在海南島）的噩運。一個為禍一時的大權奸就這樣被王曾除掉了。

潛規則解讀

《陰符經》上說：「性有巧拙，可以伏藏。」這句話告訴我們，善於伏藏，學會示弱，是事業成功和克敵制勝的關鍵。一個不懂得適時伏藏，適當示弱的人，即使能力再強，智商再高，也不能戰勝強大的對手。

呂端大事不糊塗——呂端在關鍵時刻捧太子上位

「諸葛一生唯謹慎，呂端大事不糊塗。」這是一副名聯，也是很好的官場格言。

呂端是宋朝一個著名宰相，看起來他是很糊塗的，其實並不然，這是他的修養。在處理大事的時候，他是謹慎萬分的。

宋太宗晚年身體多病，為早作準備，太宗立其子襄王趙恆為太子，並由呂端負責太子的學習和生活起居等事宜。但這個太子人選對於某些人卻大大的不利，內侍王繼恩便是其中之一。王繼恩便聯繫了參知政事李昌齡，殿前都指揮使李繼勳等人，想陰謀推翻現太子，另立合適人選。

可他們的計畫還沒有成功，太宗就因病不治而終。太宗一死，各勢力集團都蠢蠢欲動。皇后命王繼恩召見呂端，呂端馬上覺得事有蹊蹺。呂端清楚，王繼恩不過是跳梁小丑，作為一個內侍，他不過是皇后的馬前卒，真正希望另立太子的是皇后。雖然趙恆是皇后親生，但皇后更希望自己的親生長子繼位。現在太宗駕崩了，皇后此時找自己，肯定是討論關於太子繼位的問題，這裡肯定會有什麼變故。於是呂端派人把王繼恩鎖在自己府中，不許他出入，然後自己去見皇后了。皇后對他說：「陛下業已駕崩。立嗣以長才順乎傳統，如今應當如何呢？」皇后的意思很明顯了，由長子繼位才合乎傳統，而襄王趙恆是三子，顯然是不合適的。呂端明白，太后是想讓先前已經被廢的太宗長子元佐繼位，這萬萬是不能的。呂端說：「先帝生前冊立太子，正是為了今日。如今先帝才剛駕崩，怎可違命而有不同的意見呢？」呂端的態度很明確——絕對不行。此時王繼恩已經被呂端扣押了，皇后一個深宮女子沒兵沒權，身邊連個能幫忙的人也沒有，就沒固執己見，同意按太宗遺命讓襄王趙恆繼位，是為宋真宗。

真宗登基，接見百官。真宗垂簾端坐於殿上接受群臣朝拜，呂端卻怎麼也不肯跪拜。皇后便問其為何不拜，呂端說：「請把簾子卷起來，讓太子坐在正位上，讓我們看清楚了再拜。」皇后便讓人卷起簾子。呂端在殿下看了看，仍然不敢確認，於是請旨上前觀看。恩准後，呂端登上殿階詳細察看，確認是真宗本人之後，才走下殿階，率領群臣叩頭跪拜，高呼萬歲。

呂端為何要如此做？其實這正展現了其大事不糊塗的一面。朝中大臣各有心思，皇后的意願也不在趙恆這邊，而且還有內侍在其中參與，如果現在坐在簾子後面的不是太子趙恆怎麼辦？如果不驗明正身就盲目下拜，這一拜下去後，無論上面坐的是誰，他都將名正言順繼位登基，因為繼位之禮已完成。在封建社會，這個「禮」是比天還要大的，禮成即事實，到時就一點辦法都沒有了。所以呂端一定要確認坐在上面的是否是趙恆本人，以避免被人趁亂渾水摸魚。

雖然真宗繼位禮成，但其帝位並不穩。看看真宗的反對派吧！王繼恩為內侍，在皇宮裡頭，真宗的衣食住行都可能出現問題，更別談安全問題了；參知政事李昌齡是朝廷重臣，對其他大臣有很大的影響力；殿前都指揮使李繼勳，這是主管近衛軍統領，如果此人有異心，真宗的性命就岌岌可危。為了進一步鞏固真宗的帝位，呂端開始為真宗整肅異己：貶王繼恩為右監門衛將軍安置於均州，將李繼勳派赴陳州，貶李昌齡為忠武軍司馬。呂端這樣做一是削其實權，二是將他們趕離權利中心，以降低他們作亂的可能性。在呂端的一系列措施下，真宗的根基逐漸牢固。

潛規則解讀

呂端本人歷經兩朝，在世時深得當政者的讚賞，也享受了極高的禮遇。死後，歷史評價也是頗高，在《宋史》中有列傳。史書中評價他：「端為相持重，識大體，以清簡為務。」「姿儀環秀，有器量，寬厚多恕，善談諧，意豁如也。」但其在後世的影響力，遠沒有與其同朝為官的寇準大，但一句「呂端大事不糊塗」足以使其在歷史上留下自己的一筆！

打落牙齒和血吞——曾國藩的官場生存之術

蔣介石評價曾國藩：「曾文正生平躬履諸難，都是以『打落牙齒和血吞』的堅忍沉毅的精神處之，從不責備人家，這是曾氏的偉大，也是他成功的要訣。」

曾國藩（西元一八一一至一八七二年）是歷史上最有影響的人物之一。他從湖南雙峰一個偏僻的小山村以一介書生入京赴考，中進士留京師後十年七遷，三十七歲任禮部侍郎，官至二品。緊接著因喪母返鄉，恰逢太平天國巨浪橫掃湘湖大地，他因勢在家鄉拉起一支特別的民兵團湘軍，歷盡艱辛為清王朝平定了天下，被封為一等勇毅侯，成為清代以文人而封武侯的第一人。後歷任兩江總督、直隸總督，官居一品，諡號「文正」。

曾國藩仕於清朝內外交困的時期，當時內有太平天國及捻亂，外有洋人蠢蠢欲動伺機吞併。在那個時期，他既當文臣又為武將，其生存環境自然格外艱難。然而他卻遊刃有餘，由此可見他為官智謀的過人之處。

為保持自己來之不易的功名富貴，他事事謹慎，處處謙卑，稱自己「平日最好昔人『花未全開月未圓』七個字，因為月盈則虧，日中則反，鮮花完全開放了，便是凋落之徵」。因此，他常對家人說，有福不可享盡，有勢不可使盡，以為惜福之道、保泰之法。此外，他「常存冰淵惴惴之心」，認為為人處世，必須常常如履薄冰，如臨深淵，時時處處謹言慎行，才不致鑄成大錯，招來大禍。

道光年間，曾國藩身處京城權力中心，卻魂牽家園，信函一封接一封地寄回湖南湖鄉曾宅，給家人敲警鐘。自己雖身為皇上侍講學士，算得上可以「通天」了，所以深恐老父在家鄉賣人情，誡以「莫管閒事」，囑其謝絕一切請託。一旦聽說「父親大人近來常到省城縣城」替人說情，就趕快提醒他：「此是干預公事！」

曾國藩一生志在功名。功與名，是曾國藩畢生所執著追求的。他認為，古人稱立德、立功、立言為三不朽。在同太平天國的征戰中，曾國藩率領湘勇攻克武昌、漢陽，立下赫赫戰功，咸豐帝一道聖旨，任命曾國藩為署理湖北巡撫。曾國藩接旨後，心裡還不太滿意，覺得與他的赫赫戰功不相符，但畢竟還是一個省的最高行政長官，心裡也還能平衡。可是，最後咸豐帝連這點小小的平衡也沒給曾國藩。十天后，曾國藩又接到咸豐帝的第二道聖旨。這第二道聖旨免去了曾國藩的湖北巡撫的職務，賞給他一個兵部侍郎的頭銜。咸豐帝的兩道聖旨，對曾國藩是不公平的，而且是一道比一道不公平。這樣對待戰功赫赫的湘勇統帥，其中的緣由頗令人費解。

於是曾國藩派心腹康福，祕密進京探聽消息。一打探才知道原來曾國藩的赫赫戰功，獲得的不是讚揚，不是獎賞，而是猜疑和不信任。皇帝周圍的人出於對曾國藩的妒忌，便不斷地對咸豐帝進讒言，大學士祁寯藻對咸豐帝說：「曾國藩不過是一在籍侍郎，猶匹夫耳。匹夫一呼百應，恐非朝廷之福。」、「現曾國藩的勇丁已達二萬，勇由將募，將聽曾國藩之令，這兩萬人馬，已變成聽令於曾國藩一人之令的軍隊。皇上可曾想過，現在再授曾國藩巡撫之職，握有地方實權，後果將會如何？」

面對這種不公，曾國藩的恩師，前任軍機大臣穆彰阿卻送給曾國藩一張條幅，上書「好漢打脫牙齒和血吞」八個大字。曾國藩看後，倒抽了一口冷氣。曾國藩指揮湘勇，一舉攻克武昌、漢陽，這是太平天國軍隊從廣西北上以來，清政府的一次大勝仗。按常理，曾國藩是大功臣。然而，曾國藩的恩師穆彰阿非但沒向他表示祝賀，反送來了一幅這樣意味深長的條幅。對此曾國藩心領神會，從不把一時的榮辱放在心上，以「好漢打脫牙和血吞」的氣概和胸懷承納了這個不公。

曾國藩功成名就之時，其弟及兒子在家鄉建富厚堂以作「終老林泉之所」，後來曾國藩聽說工程巨大，花費極多，嚇得他從不敢進富厚堂的大門。此後十多年，一直住在他的總督府，直到死在任所。他寫信嚴責弟弟及兒子費錢太巨，「餘生平以大官之家買田起屋為可愧之事，不料我家竟爾行之。……用財太奢與我意大不相合。」並以此「深為浩嘆」。並寫信告誡家人：家中新居富厚堂，莫作代代做富之想。「門外掛匾不可寫『侯府』、『相府』字樣。」在那綿延數百里山谷之間，廣大老百姓都是低矮的茅屋，獨有富厚堂金碧輝煌勝似皇宮，因而曾國藩考慮再三，不回故居居住，就留給他妻子、兒子、媳婦、孫兒、孫女們住好了。

曾國藩以平凡的資質，成就了非凡之功。知其難為而為之，靠的正是「謹慎」二字，才終於保全「金身」。

潛規則解讀

「打落牙齒和血吞」原來是打架中的一種心態，卻被曾國藩引為其為官處世的生存之道。常言為官有三忌：忌功高震主；忌權大壓主；忌才大欺主。因此，要在官場中立於不敗之地，作為臣子就切勿鋒芒太露，縱使有再多的不公，也要學會隱忍克制，這樣才能取得長久的成功。

第七章　識時務——擇主而事方良臣

君擇臣，臣亦擇君——馬援擇明主成大業

良臣還要會擇主，如果事庸君，良臣抱負難以施展，雖不是庸臣但也是悲臣；良臣如果事明主，其抱負就能實現，就能成為千古名臣。

馬援，字文淵，是東漢初扶風郡茂陵縣（今陝西興平東北）人。少年時父親就去世，依靠兄長為生。他胸有大志，常對朋友們說：「大丈夫的志氣應是窮當益堅，老當益壯。」

後來，馬援在西北經營畜牧業，發了財，嘆息說：「凡是經營產業，重要的是能救濟別人，否則不過是守錢奴罷了！」於是把所賺的錢都送給窮朋友。後來他聽說甘肅的軍閥隗囂喜歡招攬人才，就去投奔。隗囂很器重他，一切事情都和他商量。

那時天下大亂，群雄並起，劉秀在洛陽做皇帝，公孫述則在四川稱帝。隗囂派馬援觀察，去看看這兩位皇帝到底怎麼樣。

馬援和公孫述是同鄉，關係一直很好，所以馬援以為到了之後，公孫述一定會像過去那樣和他握手言歡。沒想到公孫述在宮殿臺階下排列了許多衛兵，戒備森嚴，

然後請馬援進去。見面行禮後，沒說多少話，公孫述就有些厭煩了，很快就讓馬援出宮，去客舍休息。

公孫述讓人為馬援做了禮服，在宗廟中召集百官，讓他坐在老朋友的位置。公孫述使用天子的儀仗，開道戒嚴，然後登上禦車，屈身進入宗廟。祭祀時，所用的物品和百官佇列都十分盛大。

公孫述準備給馬援封爵，任命他為大將軍。馬援的賓客都願意留下來，馬援對他們說：「天下勝負未定，公孫述不懂得禮賢下士，招納人才共商大事，反而注重繁瑣的小節，就像一個木偶人，這種人怎麼能長久地留住天下的賢士呢？」於是向公孫述告辭。

回去後，馬援對隗囂說：「公孫述只是井底之蛙，卻妄自尊大！我們不如一心與東面的劉秀結交。」

隗囂於是又派馬援帶著給劉秀的書信到洛陽去。馬援到了洛陽皇宮之後，宦官引他進去，只見劉秀坐在宣德殿南海的廊下，只戴了一頂便帽，服裝十分隨便，見了馬援立刻笑著起來迎接，說道：「你見到過兩個皇帝，我穿得這樣馬虎，實在慚愧之至。」馬援行禮之後說道：「當今之世，不但君擇臣，臣也要擇君。我和公孫述是同鄉，年輕時很要好，我到四川時，公孫述卻在殿旁排列了執刀的衛隊才命我進去。我這次遠來，還未坐下，你怎麼知道我不是刺客壞人，為什麼這樣隨便？」劉秀笑道：「你不是刺客，不過是說客罷了。」馬援見這位皇帝既隨和，又有幽默感，心中已有欣賞之意，道：「現在天下大亂，稱王稱帝的人不知有多少，今日見你這樣恢宏大度，就像漢高祖一樣，才知只有陛下才是真的皇帝。」

馬援回來後，隗囂常與馬援同起同睡，詳細詢問各地流言與兩強得失。馬援因此進言道：「前次到洛陽，引見了十多次，每次與光武帝談話都是從早到晚。光武帝確實雄才大略，與眾不同，而且心懷坦誠，毫無隱蔽，豁達大度，與高帝智識相同。光武帝還博覽經學，文辯之才真是古今罕見！」隗囂反覆問：「光武帝到底比高帝如何？」馬援說：「略有不如，高帝無可無不可；今漢光武帝頗好政治事務，動必如法，又不喜歡飲酒。」說到此，隗囂不滿意地說：「依卿所言，比高帝還勝一籌！怎麼說是不如高帝呢！」然而，隗囂還是相信馬援的話，派長子隗恂到洛陽去當人質。馬援也攜家眷一起到了洛陽。數月之中，馬援並未得到要職。馬援自以為三輔（轄境相當於今陝西中部地區）地區地廣土沃，便上書請求屯田上林苑。劉秀自然准許。

後來，馬援徹底投靠了劉秀，並幫助劉秀擊敗了此前的主人隗囂。建武十一年夏，馬援被拜為隴西郡太守，先後討平隴西羌人、皖城李廣。建武十八年，劉秀寫璽書拜馬援為伏波將軍。劉秀常說：「伏波將軍談論用兵之道，與我不謀而合。」每有軍事行動，劉秀都重用馬援。建武二十四年，六十二歲的矍鑠老翁馬援再次出征，在陣中病亡。

潛規則解讀

「學得文武技，貨賣帝王家。」在封建時代，臣下選擇「主子」的標準只有一條，即選擇那些能夠給予自己更多、更大權力的人，因而朝秦暮楚，也就成了「正常」現象，為世人默認。凡是有才有識之人，選對了「主子」，可以大顯身手，立功當世，名揚四海；站錯了隊伍，只好自認命苦，埋屍黃沙。

酒香也怕巷子深——寧戚靠自我推銷出人頭地

春秋戰國時期是中國歷史上思想最為開放的時期之一。這個時代的人才依靠他們的聰明才智創造出了許多成功自我推銷的經典範例。這類推銷方法很多，方式也不一樣。說客們寄食於各國權貴之門，穿梭於各國權貴之間，抓住一切機會表現自己推銷自己。「連橫」策略的創始人之一張儀就由魏國一名不起眼的說客一躍成為秦魏的宰相，毛遂自薦也是自我推銷的經典案例，而寧戚無疑也是一位標新立異，善於自我推銷的高手。

齊桓公繼位之後，重用管仲和鮑叔牙，對內大刀闊斧進行整頓改革，國勢日趨強盛；對外則圖謀霸業，「挾天子以令諸侯」。

西元前六八〇年，齊桓公奉周朝天子的命令統率陳、曹、齊三國兵馬討伐宋國，任命管仲為前部先鋒。

管仲一行人走到衛國的一座山腳下時，遇到一位頭戴破草帽，身穿短衣短褲赤著雙腳的放牛人，此人拍著牛角大聲地唱歌。管仲見此人雖衣衫襤褸但相貌不凡，便派人上前去用酒肉慰勞他，並把此人叫到面前和他攀談，攀談中得知此人名叫寧戚，衛國人。管仲問他都學了些什麼東西，寧戚應對如流。管仲感嘆地說：「豪傑埋沒於此，如不引薦他如何顯露才華？」於修書一封讓寧戚轉呈桓公。

三天后桓公的車仗到了這裡，寧戚又拍著牛角唱道：南山湖水波濤湧，鯉魚游水驟然騰。慨嘆堯舜不重在，賢才粗衣難謀生。起早貪黑放牛行，長夜難度何時明。

桓公聽了感覺很驚訝，於是派人問道：「你這放牛人膽敢譭謗朝政？」

寧戚說：「小人怎敢譭謗朝政，我聽說堯舜做皇帝的時候，百官正直諸侯臣服，消滅了四凶從而天下安定。不說話讓人信服，不發怒而威嚴懾人。可是您呢？北杏會盟宋國君臣半夜逃跑；柯地會盟曹沫又來行刺。借助上天給予的使命召令諸侯，卻以此欺侮弱小的國家，如此下去，天下何時才得太平？」

齊桓公聞聽，氣急敗壞，怒聲吼道：「匹夫竟敢如此出言不恭！來人給我砍了！」左右侍衛立即綁縛寧戚，準備開刀問斬。

寧戚毫無懼色，從容不迫地說：「昏庸的夏桀王殺死了賢能的關龍逄；暴虐的商紂殺死了忠誠的比干；想不到今日我寧戚能有幸與關龍逄、比干比肩而三！」

齊桓公看到他大義凜然、威武不屈的神態，深受觸動，陡生敬意。念頭一轉，便命人鬆綁，滿臉賠笑，說：「寡人是測試一下先生的膽量！」

這時寧戚才從懷中取出管仲的推薦信，齊桓公看完後埋怨說：「既然你有仲父的推薦信，為什麼不早一點給我看？」寧戚說：「良禽擇木而棲，賢君要選擇能臣輔佐自己，反過來說能臣也要選擇明君，剛才我是在試探大王的度量！」

齊桓公聞言大喜，於是撥給寧戚一輛車，請他一起參與討伐宋國。

當天晚上，軍隊宿營後，齊桓公派人舉著火把找衣冠，要給寧戚授爵封官。一個大臣建議道：「此地與衛國相距不遠，何不派人去查訪，如果寧戚是賢士，再加封也不晚！」齊桓公說：「這個人不拘小節，在衛國難免有些許過錯，如果查訪出來，封他爵祿不好，放棄他又可惜。」就這樣在軍營中舉著火把，拜寧戚為大夫。

齊桓公率領齊國大軍來到宋國的邊界上，與陳國、曹國的軍隊會師後共同商議討伐宋國的策略。寧戚建議說：「依我之見，對待宋國最好是先禮後兵，如果能以良言相勸兵不血刃地解決問題，豈不更好？我雖不才，情願出使宋國，說服宋公。」

齊桓公說：「此議甚好！可如先生言！」於是傳令軍隊就地駐紮待命，派寧戚出使宋國。

宋公探聽到這個消息後，與大臣戴叔皮商討對策。戴叔皮說：「寧戚前來遊說，必定很有辯才。大王只要故意怠慢他，保准他乘興而來，掃興而去！」宋公點頭稱是。

寧戚入朝看見宋公神色鋸傲，不禁長嘆一聲說：「宋國處境實在危險，馬上就要大禍臨頭了！」宋公一聽，不禁動容：「如何見得呢？」寧戚說：「齊侯約集諸侯會盟，也是幫助您穩固君位，可是您卻在中途不辭而別。眼下各國軍隊聯合伐宋，大兵壓境，誰勝誰負，不是明擺著嗎？但是如果現在採取補救措施，還為時不晚。」宋公聽後，不住點頭，離開座位說：「先生有什麼高見，請指教！」戴叔皮見宋公已被寧戚引入圈套，乾著急卻沒辦法。

寧戚建議：「事到如今，您不如備下一份厚禮送給齊國，表示悔過之意，這樣宋國才會安穩如舊。」宋公依然擔心地問：「僅送些禮物就能保證他們不再進兵嗎？」寧戚說：「齊侯心胸寬闊，世人皆知。以前和魯國交戰，還把占領的土地歸還，大王您一時糊塗，一定會得到諒解的。」

宋公採納寧戚的建議，派使者帶上禮物，隨寧戚向齊桓公謝罪。齊桓公同意撤走軍隊並同意宋國重新入盟。

齊軍撤退後，齊桓公不戰而勝，由此在眾盟國中的地位驟升，並最終成為春秋時期的第一位霸主。而寧戚也因為立得大功而深得齊桓公的賞識，成為桓公身邊的重臣之一。

潛規則解讀

真正有才能的人其實都敢於且善於推銷自己。要知道，表現自我也是能力體系中的一項重點。很多人忽略了這一點，結果出現了「有力無處使」的現象。試問，你再有真才實學卻表現不出來，上司又怎麼會重用你？

識時務者為俊傑——漢初名相陳平的官場生存術

秦末漢初，是個英雄輩出的年代，在那個時候，有多少英雄因為不識時務而喪命；又有多少人因識時務而做出一番轟烈的事業，成就了一生的英名。陳平無疑就是個識時務的英雄。

陳平出身卑微，且年輕時名聲不好，可他卻有大志向，想做一番大事業。開始，他選擇投奔魏王，雖然他有能力，可魏王卻不是個會用人才的賢王，陳平沒有得到應有的尊重，魏王對他基本上是言不聽計不從。當時，楚霸王項羽名氣大，能夠號令眾諸侯，也正處於事業的巔峰，大有爭霸全國之勢，陳平意識到這一點，就去了項羽那裡，一直爬到都尉的位置。

陳平的高明之處不僅在於識時，還能識人，也正基於這一點，最終使他成為西漢的開國功臣。在項羽那裡一番工作之後，陳平看到項羽只是虛有其名，疑心很大，不能用賢人，還差點讓他死無葬身之地。於是，他又決定投奔漢王劉邦。

話說這天，漢王帳下來了一位身材偉岸、面如敷粉、唇若施朱的美貌男子。此人正是陳平，劉邦聽部將魏無知介紹後，立即召見陳平，直截了當地向他徵詢伐楚大計。陳平進言說：「大王想伐楚，目前正是時機。現在項王正率軍討伐齊地，後方空虛。大王若迅速東進，攻占他的老巢彭城，截斷楚軍歸路，楚軍一定人心大亂，容易潰散；項王雖然勇猛，但他一個人也無能為力了。」接著，陳平還把進軍線路和攻伐計謀對漢王作了詳細分析。漢王聽了眉飛色舞，欣喜異常，覺得陳平才智謀略過人，真算得上張良第二了。於是，不但仍舊授予他在楚時的都尉官，還讓他做自己的參乘（陪乘人），隨侍左右，並兼掌護軍。

然而，劉邦的陣營內英雄輩出，有眾多英雄豪傑，三傑（蕭何、韓信、張良）歸一，樊噲、周勃、灌嬰等人也都有著很深的資歷和很大的功勞，陳平要想在那裡站住腳也不容易。不久，有人跟劉邦說陳平人品不好，貪汙受賄；他雖然效力於魏王，卻又投項羽，又再來投漢王，是個反覆無常的小人；年輕時還曾與嫂子亂倫。為此，劉邦找到陳平質問，陳平說：「我離開魏王是因為他對我的計策耳不聽計不從；離開項羽是因為他疑心太重，不相信人；我聽說大王能用人，才投靠您的。我受賄是因為我在您這裡人生地不熟的，如果不受點賄，我又怎麼能生存？您若不用我的話，我那些贓物還在，全都歸公，只要留我一命，我這就走。至於那些亂倫之事，都是過去的事了，還提它幹嘛？何況，您要的是能幫你建功立業的人才還是謙謙君子呢？」

劉邦也是個絕頂聰明的人，他跟項羽打天下，怎麼能不了解項羽呢，本來陳平從項羽那裡過來，就對他充滿了希望，要做到知己知彼，還非陳平不可。聽陳平講得有道理，覺得陳平是個人才，便不顧眾人議論，堅決留下了陳平。

從此，陳平一心一意跟隨劉邦身邊，盡心為其出謀劃策。他與張良、蕭何成了劉邦奪取天下、治理天下所不可或缺的左右手。直到十數年之後，高祖臨終之前的遺囑中，陳平仍是漢高祖託付安劉佐漢的重要大臣之一。

不僅如此，陳平的識時務還展現在劉邦死後。

西元前一九五年，劉邦病重，自知來日無多，為了防止自己死後呂后專權，就讓陳平去斬殺在燕地領兵的樊噲（樊噲是呂后的妹夫，手握軍權）。陳平知道此事事關重大，劉邦已病入膏肓，頭腦可能不那麼清醒，一旦殺了樊噲，得罪了呂后不說，萬一劉邦反悔了，自己也落不得好下場，於是他就讓周勃派人將樊噲裝進囚車，送回了長安。等他知道劉邦駕崩了，就從滎陽匆匆趕往長安，向呂后表明自己的忠心，呂后感激他沒有殺樊噲，看到他又那麼的馴服，就留他在朝廷，拜為郎中令，輔佐漢惠帝。惠帝年幼且懦弱，朝政掌握在呂后手裡。

呂后掌權後，用一系列陰謀詭計，打擊、排擠元老重臣，使呂氏家族的人掌握了軍權，並提出了要立他們呂家的人為王。右丞相王陵說：「當初漢高祖曾宰了白馬，與大臣盟過誓，非劉氏不能立王！」這時，任左丞相的陳平卻說：「高祖平定天下，分封自己的子弟為王，這是當時的情形。現在太后臨朝分封自己的子弟為王，也沒有什麼不可以。」這樣，呂后就為其親屬封王找到了立場。王陵氣憤難當，不久就告老還鄉，陳平當了右丞相。

這些都是陳平的識時務的展現。其實，陳平並不是厚顏無恥之徒，作為劉邦的託孤之臣，他自然也想剷除呂后，只是不動聲色而已。與其以卵擊石，不如伺機待發，一旦有了時機，陳平所做的絲毫也不比那些表面上反對呂后的人遜色。

西元前一八〇年，呂太后病死。外戚呂氏同劉氏宗室以及朝廷各官員之間的矛盾達到了不可調和的地步。

在這次奪權鬥爭中，朝廷官僚與劉氏宗室結成聯盟，共同對付外戚諸呂。當年八月，丞相陳平與太尉周勃細察形勢，他們假稱有軍事行動，設計讓掌軍權的呂祿把將軍印交給周勃，呂祿就信以為真地交出印符。於是，保衛皇宮的軍隊落入了周勃手中，他們控制住了西漢王朝的權力中樞──未央宮（皇宮），為擊敗呂氏打開了最關鍵的大門。雖然相國呂產手裡也有一支軍隊，但他不知道呂祿已丟掉兵權，還在按原計畫想進未央宮，與呂祿一起發動政變，捕殺劉氏宗室和朝臣。到了宮門口，衛士們守住宮門，不讓他進去，呂產還沒弄明白是怎麼回事就被殺了。呂產一死，呂氏的兵權就全部喪失了，呂氏的勢力也就徹底瓦解了。而這其中出謀劃策，全盤操控的正是陳平。

潛規則解讀

陳平雖被史家排在三傑之外，可他的功勞事實上並不比三傑小多少。雖說他在做人方面有缺陷，可做官不但做到了極致，而且得以善終。在這方面，除了自身的才能之外，另外一個重要的原因就是他很識時務，能夠在關鍵時刻做出正確的抉擇。

政治是可以交易的——趙普利用皇權鬥爭再登相

古代官場上，沒有永遠的敵人，只有永遠的利害關係。為了各自的需要而與死敵親密合作乃至做出讓步和違心的交易，這對於那些成功的陰謀家而言並不是什麼困難的事情。

趙普，字則平，北宋政治家。後梁龍德二年（西元九二二年）生於幽州薊州（今北京城西南），後唐末年，相繼遷居常州（今河北省正定縣）、洛陽（今河南省洛陽）。

趙普讀書少，智謀卻多，有「半部《論語》治天下」之說。不過，趙普雖為宋王朝竭心盡力，立下了汗馬功勞，卻斂財受賄、強買宅第、私運木材，還違反朝廷宰輔大臣之間不准通婚的禁令，太祖趙匡胤聽說後，對趙普極為不滿。趙普屬下一小吏冒稱趙普的名義經商，轉賣於京師，從中牟取暴利。有三司使趙玭奏明太祖，太祖大怒，欲驅趙普出朝廷。其後趙普的政敵翰林學士盧多遜，又趁機揭發趙普的短處，以及他在中書省就職時的諸多不法行為。太祖震怒之下，遂於開寶元年（西元九七三年）罷去趙普宰相之職，貶為河陽三城節度使。

開寶九年（西元九七六年）十月，太祖駕崩，其弟趙光義即位，即宋太宗，改元為太平興國，任盧多遜為相。

同年，趙普自河陽調回京師，任太子太保。趙普工於心計，明察善斷，很會利用皇室內部權力之爭的矛盾，來為自己進升創造有利條件，以求東山再起。

宋王朝皇室內部的矛盾和鬥爭，主要在君位的傳承上。太祖駕崩，太宗即位時，世間便有「燭影斧聲」之傳聞。太宗即位之後，關於自己百年之後君位再傳問題，頗費心思。雖有母后遺旨，已成定命，但他卻自己另有打算。於是便極力排斥、打擊，甚至殘害其弟廷美、其姪德昭（太祖子）。

事實上，知皇位傳承內情的只有趙普一人。早在建隆二年（西元九六一年），太祖、太宗之母杜太后臨終前，召趙普人內宮承受遺命，當時只有太后、太祖和趙普三人。太后問太祖：「你知道你所以能得天下的原因嗎？」太祖哭著不能回答。太后又問，太祖說：「皆因祖宗、太后積德之餘慶。」太后說：「不對，真正的原因是周世宗讓幼兒主天下。如果周氏當時有成習之君，天下怎麼能為你所有呢？你百歲之後，當傳位於你弟光義，光義傳位於弟廷美，廷美傳位於姪德昭（太祖子）。四海之廣，萬民之眾，能立長君，社稷之福！」太祖頓首泣說：「敢不如教。」太后又看看趙普說：「你同記我言，不可有違。」趙普在榻前照太后原話書錄下來，並在末尾署「臣普書」三字，藏於金匣之中，命謹密宮人保存。

趙普作為一個諳知政權鬥爭的政治家，深知杜太后關於以後幾代君主的安排，完全是從趙宋王朝的安危著想，防止後周幼主即位，異姓興王那樣的事件發生。認為太后的這些人事安排，不無道理。但是，杜太后這個遺旨，直接關係到皇室諸人的權力和命運，而自己又是太后遺命的唯一見證人，如果處理得好，會對自己有利；反之，輕則丟官，重則喪命，因此，他對太后的遺旨，採取根據形勢，靈活處理的態度。

現在，趙普見太宗有違母訓之意，打算自己百年之後，傳子不傳弟，趙普便暗自打起了小算盤。廷美雖然對皇位也很關注，但勢力不強，而且有舊屬臣僚以廷美驕悠無道、有不軌之處等罪名，誣告彈劾廷美。不過太宗要實現皇位傳子的目的，也需費一番周折，需要有一個德高望重的人鼎力相助。

想到這些，趙普認為自己再相之機已到，便向太宗進言，說當年太后遺旨，為他親手所寫，並複述太后遺旨原文。當太宗問及時，趙普當即表示：「臣願備位樞機，以察奸變。」意思是說，我願意來當宰相，幫你解決這個問題。

早在太祖時期，趙普曾與太宗產生過矛盾，甚至可以說，兩人曾是老政敵、死對頭，太宗自然不能完全信任趙普，因此要求趙普講出他還能當宰相的理由。

趙普隨即上了一個密奏，陳述了他必須重回權力核心的兩大理由：

第一，趙普是開國元勳，有資格當宰相，現在只是被某些當權的人壓制了而已。這一條表面上看是趙普以老賣老，其實重點在於說明他與現任宰相、當權的盧多遜（盧多遜主政後，與準皇儲趙廷美接觸密切，為太宗所忌）勢不兩立。這就等於明白地告訴太宗，盧多遜是他們的共同敵人，必須聯手攻之。

第二條，則是趙普公開了自己珍藏多年的祕密，即杜太后臨終時，曾遺命要求太祖傳位於太宗，而趙普是當時遺命的記錄者，因此也是世上唯一的見證人。同時趙普告訴太宗，這個遺命裝於金匣之內，如果太祖生前並未銷毀，那麼可能仍在宮中某處。這個金匣可以為太宗繼位的合法性提供最確鑿的依據，足以使趙普從趙光義的死對頭變成政治上的救命恩人。這也是趙普提出的他必須復相最重要的理由。

此外趙普還告訴太宗，不要以為太祖時他處處阻撓太宗繼位，其實這些都是小人惡意傳播，口說無憑，趙普曾經攻擊趙光義的言論從未形成過文字資料。現在有一份檔案倒是可以證明他曾經支持過太宗。這個檔是指太祖罷趙普相職時，趙普為給自己留下後路而特地所上的疏議，內容是稱讚趙光義忠孝全德，表明自己攻擊趙光義的說法都是他人惡意中傷而起的。

太宗看到趙普的密奏，如獲至寶，立即當面向趙普道歉：「人非聖賢，孰能無過？朕不待五十，已盡知四十九年非矣。」

然後太宗排查太祖時所有的宮女、太監，果然找到了趙普所說的金匣子，金匣子裡封存著兩份檔案，一個就是所謂的昭憲顧命，上面寫著：「建隆二年六月甲午，上受太后遺命：兄終弟及，社稷之福。臣普記。」還有一個則是趙普給宋太祖的上書，其中寫道：「外人謂臣輕議皇弟開封尹。皇弟忠孝全忠，豈有間然。別昭憲皇太后大漸之際，臣實預聞顧命。知臣者君，願賜昭鑑。」

至此太宗徹底地相信了趙普，認為他可以協助自己完成皇位傳子的政治目的，便於太平興國六年（西元九八一年）復趙普司徒兼侍中，封梁國公，重登首輔之位。

潛規則解讀

趙普為人工於心計，明察善斷，很會利用皇室內部權力鬥爭的矛盾，善用自己手中的政治籌碼，抓住機會，積極投靠主子，果然東山再起。

冷廟燒熱香——呂氏父女押寶，無賴劉邦稱帝

呂雉是漢高祖劉邦的皇后。劉邦死後，她成為太后，臨朝稱制十六年，是中國歷史上第一個無冕女皇。那麼，呂后的這一切是怎麼得來的呢？

呂雉是山東單父人（今山東單縣），呂公在單父屬士的階層，因此呂雉自小得以過上閨秀生活，養得是嬌美如玉。西元前二二一年，呂公為躲避仇家，攜帶家眷離開單父，遷居沛縣，投奔他的好友沛縣令。沛縣令顧全友誼，留呂公一家落居此地。出於敬重的善意，沛縣令決定為呂公舉行大宴，並讓沛縣的地方紳士和官衙執事都來拜賀，由此便引出了呂雉與劉邦帶有傳奇色彩的姻緣。

劉邦的父親是個種田人，劉邦卻不喜勞動，靠著能舞槍弄棒的武藝，居然討得了小小的泗水亭長之職，與沛縣的功曹蕭何、典獄長曹參、縣吏夏侯嬰等人交往甚密。

劉邦也參加了沛縣令為呂公舉行的大宴，而且泰然自若地坐在首席上，談笑風生，頻頻飲酒，旁若無人。酒闌席散，客人俱皆告辭，呂公以眼神示意劉邦留下。待無他人時，呂公對劉邦說：「我年輕時就給人看相，還沒見過像你這樣有福相的人，不知你娶親沒有？」劉邦活到三十六歲，還未曾有入關心自己的婚事，連忙答道：「家境貧寒，尚未娶親。」呂公高興地說：「這太巧了，我有一女，還待字閨中，如不嫌棄，願許配於你。」劉邦聽罷感到喜從天降，一文未花吃頓盛宴之外，又白白賺了個老婆，心裡樂不可支，當即翻身下拜應允，訂了迎親的日子後，開心地告辭回家了。

呂公回到家中，把許親之事與妻子說了，他的夫人聽了十分惱怒。原來，呂公夫婦有兩男三女。兩男為呂澤、呂釋之，三女是呂長姁、呂雉、呂嬃。子女中唯呂雉生得儀容秀麗，有「貴人」相，因此備受寵愛，不肯輕易許人。如今這「貴人」許給了不務正業、好說大話且年齡相差十多歲的劉邦，好似一朵鮮花插在牛糞上。呂夫人對丈夫說：「你以前講二女兒應嫁給貴人，沛縣令求婚你都不允，如今卻無端送與劉邦，他是貴人嗎？」呂公並未動氣，仍笑呵呵地耐心解釋說：「放心，我的眼光不會錯的。」呂夫人拗不過丈夫，只得同意了這門婚事。

轉瞬間吉期已屆，劉邦換好禮服，自來迎娶。呂雉打扮一番，坐上彩車，隨劉邦去了。如果說呂公嫁女是出於偶然的話，但劉邦與呂雉的結合，卻徹底改變了呂雉的命運，使她這樣一個普通的平民女子，得以走上政治舞臺，在風雲變幻的年代裡，去施展自己的手腕。呂雉與劉邦結婚後，劉邦因為任職需要，時常外出公差，使得呂雉這位千金小姐也不得不改變她以往的生活方式，在豐邑耕田種地，侍奉老人，操持家務，從某種意義上說，這段下嫁後的樸實生活，磨練了呂雉精於生計，辦事幹練的個性。

劉邦生來放蕩，在與呂雉結婚之前，早已勾搭上一家曹姓的女孩。不過在劉邦心目中，呂雉門庭高貴，又生得如花似玉，自然以她為正夫人，曹家女孩為小妾。後來，呂雉給劉邦生了一兒一女，就是漢惠帝劉盈和魯元長公主。曹妻也生了一男名劉肥，本是長子，因庶出不得立。

西元前二一〇年，劉邦在芒楊山組了一支百人的造反隊伍。日久天長，未免產生思家之意，便捎信給呂雉，讓她來山中會面。然而此時呂雉為劉邦正在沛縣吃官司。

原來，自劉邦縱放罪徒，組織起軍隊圖謀造反，消息傳到沛縣以後，縣令當下派人搜查了劉邦的家，呂雉連坐夫罪，被監禁起來。此時的呂雉舉目無親，只能耐著性子，忍垢蒙羞。後來多虧蕭何等幫助，才得釋回家。

呂雉經此大事，便成熟些了，同時，有一種無可言狀的仇恨，深深地埋在了心底。

數日後，呂雉終於來到芒楊山與劉邦會面。劉邦對此感到驚奇，當著眾人的面，問呂雉：「妳是如何知道我們的營地呢?」呂雉會意劉邦之言，立即感到這是建立丈夫威信的好時機，便神祕地說：「我會識天子氣，我一見有天子氣的地方就往那裡走，果然找到你。」她的這番話一傳十，十傳百，結果沛縣遠近的青年子弟都來投靠劉邦，劉邦聲威大震，到陳勝、吳廣起事的時候，劉邦的人馬已有數百人。這時，沛縣裡的蕭何、曹參、樊噲等人，召劉邦回沛縣，殺了縣令，眾人願推劉邦為縣令，劉邦乃稱沛公，背秦自主。這其中不無呂雉之功，她編造天命故事，讓劉邦影響力大增，這證明年輕的呂雉能隨機應變，工於心計。劉邦與項羽的爭奪戰曠日持久，劉邦便把呂雉連同老人、孩子留在豐邑老家。在一場戰役中，魯元長公主帶著弟弟劉盈混在難民之中逃跑，碰上了劉邦。而呂父、呂雉與下人審食其三人，卻被項羽扣留於楚。從西元前二〇五年五月到西元前二〇二年七月，呂雉在項羽軍中當了三年囚徒。

在這三年當中，項羽把呂雉和太公裝在囚車裡，經常放在前線。項羽還在陣地上挖下大坑，埋上一口大鍋，威脅劉邦退兵，不然就讓呂雉與太公受烹刑。直到楚漢簽訂以鴻溝分天下的停戰協定以後，呂雉與太公才回到劉邦的身邊。呂雉經過三年的囚徒生活的磨練，不但更加頑強了，而且也學會了能屈能伸，韜光養晦。她以後成為一個大政治家，絕不是偶然的。

潛規則解讀

呂氏父女膽敢把寶押在潑皮無賴劉邦身上，怪不得討眾人恥笑，連呂夫人也不解。但人生難料，世易時移，劉邦成了漢高祖，又誰不贊呂氏父女的遠見卓識呢？

第八章　防構陷——欲加之罪何患無辭

君要臣死，臣不得不死

——漢景帝卸磨殺驢，周亞夫絕食而亡

漢景帝也算得上歷史上的好皇帝，「文景之治」向來被譽為開啟了西漢王朝的盛世。然而，吳楚七國之亂他枉殺晁錯，平定吳楚七國之亂後他又冤殺周亞夫。由此可見，所謂的好皇帝只是對國家的治理有貢獻，對歷史的發展有貢獻。就個人而言，好皇帝同樣是極端的獨裁者，同樣霸道、殘忍，他們想殺一個人，根本用不著藉口。

漢文帝時，漢開國功臣，平滅呂氏、迎立文帝的元勳絳侯周勃被免相國位，結束了他輝煌的政治生涯，退居封地絳縣（今山西侯馬市東）。久經宦海，面對了太多的殺戮，周勃已是心存畏懼，家居見客時常陳兵列甲，於是有好事者告發周勃謀反。文帝命廷尉審理此案，將周勃看押在廷尉監獄。此事被文帝之母薄太后知道後，責罵文帝糊塗，想那周勃誅滅呂氏之時，掌握著皇帝玉璽，統率著精銳的北軍，尚且不反，如今退居小小的絳縣，反而要謀反了？文帝一時語塞，很快釋放了周勃，恢

復了爵位。由於太后明理，周勃只是虛驚一場。

周勃的兒子周亞夫就沒那麼幸運了。漢景帝三年，吳、楚等七國叛亂，周亞夫受命於危難，被景帝任為太尉，統兵平亂。凱旋之後，周亞夫深得景帝尊寵，於景帝前元七年（西元前一五四年）升任丞相之職。至景帝前元十三年（西元前一五〇年），周亞夫免相家居。景帝後元元年（西元前一四三年），周亞夫受兒子盜買縣官器物一案牽連，入獄受審，不堪受辱，絕食而亡。

如此一位大功臣這麼快就從榮譽的峰頂跌落塵埃，究其原因主要是得罪了皇帝一家子。

七國之亂時，叛軍攻擊梁國，而梁國的國主劉武與景帝是同母兄弟。當時周亞夫在出征前已定下戰略：不與剽悍的吳楚聯軍爭鋒，用梁國吸引住叛軍，然後出奇兵斷絕叛軍糧道，叛軍當不攻自破。景帝批准了這一戰略決策。但此時梁王已被迫死守都城唯陽（今河南商丘），岌岌可危。情急之間他多次向周亞夫求援，但周亞夫只是堅守，遣輕騎兵直插淮泗口（今江蘇洪澤湖中），切斷了叛軍的糧道。梁王只得直接向景帝求援了。景帝顧及兄弟而不管既定戰略，竟下詔令周亞夫發兵救梁，但周亞夫卻是「將在外君命有所不受」，守至叛軍因斷糧而退兵時，才率精兵出擊，一舉擊破吳、楚聯軍，平息了一場大亂。但梁王卻對周亞夫「見死不救」懷恨在心，每次朝見景帝時都要說他些壞話，加上竇太后在一旁幫腔，所謂人言可畏，積毀銷骨，景帝也不能不受影響。

此外，周亞夫在丞相任上還曾多次與景帝意見相左，景帝要廢黜太子劉榮（即栗太子），改立寵妃王夫人之子劉徹（即日後的漢武帝）為太子，周亞夫認為不應輕易更換儲君，景帝從此便開始疏遠了他。約在景帝中元三年（西元前一四七年），竇太后提出要封已冊為皇后的王夫人的兄長王信為侯，以賞外戚，景帝認為即便表示謙讓也應緩封，但竇太后認為應乘本人健在時封賞，免留遺憾。景帝無奈，只能找丞相周亞夫商議此事，耿直的周亞夫搬出高帝「非劉氏不得王，非有功不得侯」的盟約，景帝只能作罷。過了不久，匈奴王徐盧等人歸降，景帝想封他們爵位以勸後來者，但周亞夫又指出若加封背叛主人的人，又如何來指責失節的臣子呢？景帝不以為然，宣稱丞相之議無效，竟封徐盧等為侯。周亞夫一氣之下，意耍起了小孩子脾氣，稱病不上朝，最後被罷免了丞相之職。

過了幾年，也就是景帝後元元年，某一天，有官吏上門責問閒居在家的周亞夫，訊問他有關皇家兵器盜賣案的情況，周亞夫憑著貴族身分竟不置一辭。原來，周亞夫的兒子為父親在準備今後的陪葬用品時，收買了一批皇家儀仗使用的盔甲盾牌之燈，共有五百具，採買過程中，雇工很是辛苦，而支付報酬時得罪了幫助辦事的，於是告發條侯之子盜買皇家器物的狀子便遞了上去。這原本是可大可小的事，只是景帝已不再寵信周亞夫，正好借題發揮，將此案交廷尉審理。後聽說條侯竟拒答審案官吏的質詢，更是火上澆油，只說了一句：「我不用也。」對景帝這句話後世有多種解釋，主要有二，一是根本不用條侯對質也可定案；二是向辦案人員表示朝廷不會再起用條侯了，盡可放手審理。隨後周亞夫就被送進廷尉監獄，原本只是受到牽連，但就因為景帝的態度，似乎成了主犯。廷尉審訊時也是硬往謀反罪上套。當周亞夫辯解這些器具只作陪葬品用時，審案的官吏竟指稱「侯爺是要在地下謀反了」。真是欲加之罪，何患無辭。於是乎主審官逼供，獄吏虐待，無以復加。周亞夫被捕時就想自殺，但由於夫人的勸阻而未遂，此番見官吏如此誣賴逼供，知斷無生理，於是他絕食抗議，以表清白，五天以後竟吐血而死。

潛規則解讀

一代名將竟落此下場！其實，周亞夫不明白的地方在於，越是有為的帝王越對權力充滿著野心，攫取的權力越多，導致帝王的人格越殘缺。而周亞夫自己卻偏偏有意無意地撥動了帝王對權力占有的這根心弦，最終漢景帝將他下獄致死，也是情理之中的事了。

不吃掉上司難以成大器——王君廓踩著主子屍體往上爬

明槍易躲，暗箭難防。封建官場中，一些厚黑為官者奉行「不吃掉上司難以成大器的官場學問。他們善於偽裝，工於心計，表面上對主子忠心耿耿，滿口都是「刀山火海，在所不辭」，可暗地裡卻能狠心下黑手，推著主子「上刀山，入火海」，最終自己取而代之。唐朝的王君廓就是這其中的一個佼佼者。

王君廓本是個盜賊頭子，投降唐朝後，憑藉超絕的武藝和勇猛作戰，立下了不少戰功。然而真要謀取大官，更需要的是政治資本，所以王君廓的戰功只換來一個不起眼的小官——右領軍。王君廓不滿現職，希望能在政治上找一樣「奇貨」，換一個大官，但這「奇貨」到哪去找呢？

沒過多久，機會就主動來了。唐高祖有個孫子叫李瑗，此人無謀無斷，不但無功可述，還為李唐家族鬧過不少笑話，但高祖因顧念本支，不忍心加罪，僅僅把他的官位一貶再貶。這一次高祖調任李瑗為幽州都督。因為怕李瑗的才智不能勝任都督之位，便特地命右領軍將軍王君廓同行輔政。李瑗見王君廓武功過人，心計也多，便把他當作心腹，許嫁女兒，聯成至親，一有行動，便找他商量。王君廓卻自有打算，他想現成的「奇貨」難得，何不無中生有造他一個？無勇無謀卻手握兵權的李瑗，稍稍加工，其腦袋可不就是政治市場上絕妙的「奇貨」嗎？於是，他開始精心加工他的「奇貨」了。

李世民發動「玄武門事變」，殺了太子李建成、齊王李元吉，自己坐上了太子之位。不少皇親國戚對此事口中不敢議論，但私下各有各的看法。對於李世民做了太子之後，還對故太子、齊王家採取了斬草除根的做法，大家更是認為過於殘忍。李世民對此，當然也是心裡有數。王君廓為撈政治資本，對這一政治情形更是清清楚楚。於是，當李瑗來問他「現在該不該應詔進京」時，他便煞有介事地獻計道：「事情的發展我們是無法預料的。大王身為國家封的王，奉命守邊，擁兵十萬，難道朝廷來了個小小使臣，你便只能跟在他屁股後面乖乖地進京嗎？要知道，故太子、齊王可是皇上的嫡親兒子，卻也要遭受如此慘禍，大王你隨隨便便地到京城去，能有自我保全的把握嗎？」說著，竟做出要啼哭的樣子。

李瑗一聽，頓時心裡「明朗」了，道：「你的確是在為我的性命著想，我的想法堅定不移了。」於是李瑗糊裡糊塗地把朝廷來使拘禁了起來，開始徵兵發難，並召請北燕州刺史王洗為軍事參謀。

兵曹參軍王利涉見狀趕忙對李瑗說：「大王不聽朝廷詔令，擅自發動大兵，明明是想造反。如果所屬各刺史不肯聽從大王之令，跟隨起兵，那麼大王如何成功得了？」

李瑗一聽，覺得也對，但又不知該怎麼辦。王利涉獻計道：「山東豪傑，多為竇建德部下，現在都被削職成庶民。大王如果放榜昭示，答應讓他們統統官復原職，他們便沒有不願為大王效力的道理。另外，派王洗北聯突厥，由太原向南逼進，大王自率兵馬一舉入關，兩頭齊進，那麼過不了十天半月，中原便是大王的領地了。」

李瑗得計大喜，並非常及時地轉告給了心腹愛將王君廓。王君廓清楚，此計得以實施，唐朝雖不一定即刻滅亡，但也的確要碰到一場大麻煩，自己弄得不好要偷雞不成蝕把米，於是趕忙對李瑗說：「利涉的話實在是迂腐得很。大王也不想想，拘禁了朝使，朝廷哪有不發兵前來征討之理？大王哪有時間去北聯突厥、東募豪傑呀？如今之計，必須乘朝廷大軍未來之際，立即起兵攻擊。只有攻其不備，方有必勝把握呀！」

李瑗本是無主意的人，這時又覺得王君廓說得是真正的道理，便說：「我已把性命都託付給你了，內外各兵，也就都讓你去調度吧。」王君廓迫不及待地索取了信印，馬上出去行動了。

王利涉得此消息，趕忙去勸李瑗收回兵權。可就在這時，王君廓早已調動了軍馬，誘殺了軍事參謀王洗。李瑗正驚惶失措，卻又有人接二連三地報來王君廓的一系列行動：朝廷使臣已被王君廓放出；王君廓暗示大眾，說李瑗要造反；王君廓率大軍來捉拿李瑗……李瑗幾乎要嚇昏過去，回頭要求救於王利涉，王利涉見大勢已去，早跑了個無影無蹤。

李瑗已無計可施，帶了一些人馬出去見王君廓，希望能用言語使王君廓回心轉意。沒想到，王君廓與他一照面，便把他抓了起來，不容分說就把他送到了朝廷。

詔旨很快下來了，李瑗廢為庶人，王君廓代廬江王李瑗的老位子——幽州都督。王君廓這才心滿意足了。

潛規則解讀

王君廓以人命且是自己主子的人命為往上爬的梯子，其人無信無義，狡詐陰險，實是一個徹頭徹尾的小人，然而從官場鬥爭的角度講，他的構陷主子的本領確實厲害。他看準形勢，知道李世民必能統一天下，於是憑空製造出一場「叛亂」，然後再設計巧滅平息，為唐王朝立下了「大功」，謀得高位。只可惜了李瑗，用自己的身家性命為他人做了嫁衣。事實上，在古代官場鬥爭中，那些奸臣逆子為了能得到權勢，往往六親不認，踩著別人的肩膀往上爬，只顧自己過得舒服，全不管別人死活，其智謀雖有高明之處，但為人卻真是可恥可鄙。

無中生有——楊素製造假象施離間

魯迅說過：「搗鬼有術亦有效，然而有限。」其實，這話要看怎麼理解，如果用在軍事或政治上，那搗鬼的作用就大了，以此成大事者，古今皆有。隋朝的開國功

臣楊素就是以此廢掉太子，推楊廣為帝的，而這直接導致了隋朝的滅亡

楊素是隋朝的開國功臣，其人能文能武，屢立戰功，善權變，城府極深。

在消滅南朝陳國之後，楊素因功勞卓著而被封越國公，後又升為尚書右僕射，與高熲同掌國政。仁壽元年（西元六〇一年），代高熲為尚書左僕射，專掌國政。

當時的太子楊勇因為個性上的原因，不得獨孤皇后喜歡，楊勇的三弟楊廣伺機謀奪太子之位。

楊廣為人機詐又野心勃勃，他見大哥日益失去雙親的寵愛，便更加刻意矯飾，竭力把自己裝扮成一個不近聲色、崇尚節儉、仁孝謙和的至德君子。隋文帝夫婦被楊廣製造的假象所迷惑，漸漸生出改易太子、廢勇立廣之心。楊廣深知此事非同小可，單憑父母之愛還難以成事，必須要在朝廷重臣之中尋求支持。幾經選擇，他把口光盯在了楊素的身上。於是他一方面對楊素卑躬相交，極力拉攏，一方面又指使手下重金收買了楊素之弟楊約，雙管齊下，拉攏楊素。

自私心和權力欲促使楊素思量一番後即接受了楊廣之託，並馬上著手實施這一廢長立幼的權力陰謀。至於這樣做會給國家社稷帶來什麼影響，楊素則根本沒有去想。

楊素先去試探獨孤皇后，他利用一次侍宴的機會，故意在她面前誇讚楊廣：「晉王孝梯恭儉，很像皇上至尊。」此語立即在獨孤皇后心中激起了強烈的反應，她哭著說：「公所言甚是，我兒晉王，最為孝愛，每聞皇上及我所遣的內使到，必遠出迎接。而一談到與我們的離別之情，又未嘗不泣。而且他的新婦也很可愛，我的婢使去，她常與之同寢共食，哪裡像睍地伐（楊勇小字）與阿雲那樣終日對坐酣宴，親昵小人，疑阻骨肉！我所以更加憐愛阿摩（楊廣小字），就是因為經常擔心他被睍地伐暗害。」

楊素見獨孤皇后如此偏愛楊廣，厭惡楊勇，便趁勢火上澆油，大講楊勇的壞話，「盛言太子不才」，獨孤皇后因而對楊勇更為憤恨，於是決心廢黜太子。為了遂此心願，她又贈送了楊素金錢，希望他勸文帝早行廢立之事。

為了廢黜太子，楊素千方百計地陷害楊勇。有一次，文帝派他到東宮察看太子動靜。楊勇聽說後，早早穿好了禮服等著接待他，但他卻故意在門外待著不進去。楊勇被他的無禮所激怒，見了面便講了一些不太禮貌的難聽話，楊素立刻在文帝面前添油加醋地渲染了一番，還別有深意地挑撥說：「勇怨望。恐有他變，願深防察。」他又經常把獨孤皇后及楊廣偵探到的一些關於楊勇過失的情報四處張揚，使得楊勇

「內外諠謗，過失日聞」，日益受到隋文帝的猜忌和疏遠。

開皇二十年（西元六〇〇年）九月，文帝在大興殿召集群臣，楊素受命當眾宣布東宮罪狀。他把早已編造好的「罪名」強加給楊勇，說楊勇從來不把文帝的詔令放在心上；又說楊勇對文帝心懷怨恨等等。隋文帝當即表示要廢黜楊勇，下令將楊勇及其諸子囚禁起來，由楊素負責調查審理。楊素「舞文巧低，鍛煉以成其獄」。他先指使有司誣陷左衛大將軍元旻，以楊勇死黨之名逮捕了元旻，以此恫嚇群臣；然後又百般逼迫楊勇承認那些莫須有的罪行：楊勇曾養馬千匹，楊素一口咬定他這是圖謀造反；他還把楊勇的服飾器玩當作罪證公開陳列，讓人參觀，大造輿論，使得楊勇有口難辯。十月，文帝便根據楊素的匯報，正式宣布將楊勇廢為庶人，其子女也一律奪爵為民。元旻等人也在楊素的親自監督下被殺。

十一月，楊廣被立為皇太子。當時楊勇屢次請求面見父皇申冤，都被楊廣駁回。楊勇無奈，便爬到大樹上放聲呼喊，希望文帝聽到後能召見他。楊素唯恐實情暴露，便欺騙文帝說：「勇情志昏亂，為癲鬼所著，不可復收。」文帝信以為真，任憑楊勇在樹上冤聲不斷地叫破了嗓子，他也是聽若罔聞、置之不理。

廢勇立廣，這是隋朝政治生活中的一個重大事件。後來的歷史事實證明，楊廣是一個典型的無道昏君。隋朝的短暫和楊廣是分不開的。而楊廣得立，又是楊素極力促成的，因而從這個意義上說，楊素是加速隋朝滅亡的重要人物之一。只此廢勇立廣一事，便足以抵消他的所有功績。

潛規則解讀

楊素可謂是離間的絕頂高手，他不僅能讓文帝與獨孤皇后產生疑心，還能巧妙布局，讓太子楊勇主動入套，再加上其在隋朝舉足輕重的地位，要想廢掉楊勇也的確只有他有這個實力能做到。在他最後勸隋文帝廢掉楊勇時竟以蝮蛇為喻，不擇手段的離間父子骨肉之余，其居心之狠毒可見一斑。然而，楊素心機雖深，謀略雖高，卻無識人之明，錯看了楊廣這個披著羊皮的豺狼，讓其登上皇位，從而導致隋朝好不容易統治下來江山幾年之間就徹底敗亡。

眾口鑠金，積毀銷骨——宇文述用謠言陷殺李渾

謠言是一把殺人不見血的軟刀子，造謠中傷競爭對手，可以讓別人站到自己的一

邊，這是古代高明為官者大多懂得的一招。雖然說謠言止於智者，但那也要看是什麼樣的謠言。在皇權社會，一旦謠言涉及到了謀反、僭逆等等，那麼當權者通常都會寧可錯殺一千，也不肯放過一個，而這也就很容易被一些別具用心的人拿來當成攻擊政敵的工具。

隋文帝初統天下之時，太師李穆深受文帝恩寵，權勢極大。李穆去世後，因長子早逝，文帝便以其嫡孫李筠繼承爵位。李筠長大後，叔父李渾忿其吝嗇，遂合謀李善衡將他害死。

李渾，是李穆第十個兒子，其時任左武衛將軍。李筠死後，隋文帝議立嗣，李渾想借助妻兄太子左衛率宇文述的力量奪取爵位，就對宇文述允諾襲封之後，每年進獻一半食邑的賦稅。宇文述貪圖重利，便在皇太子面前為李渾美言。太子奏明文帝，封李渾為申國公，立其為李穆的嗣子。隋煬帝即位，李渾轉任右曉衛將軍。大業六年，追改李穆為郕國公，李渾繼承爵位，累加光祿大夫。三年以後，李渾晉升為右曉衛大將軍。

李渾得以繼承父業，宇文述確實是關鍵，但李渾卻過河拆橋，襲封兩年之後就不再遵守諾言，其間當然也與他過分奢侈縱欲、開支漸緊有關。宇文述是煬帝的寵臣，被委任常典選舉，參與朝政。他善於供奉，數進奇服異物，深得煬帝歡心。一時宇文述「勢傾朝廷，文武百官莫敢違憐」。對於敢冒犯自己的李渾，宇文述當然不會輕易放過。一次，宇文述借著酒醉對友人于象賢說：「我竟然讓李渾這個出爾反爾的小人出賣了，我至死也不會忘記！」這話傳到李渾那裡，於是兩人結下了仇隙。

後來隋煬帝征討遼東，有位名叫安伽陀的方士告訴煬帝，不久以後李氏當作皇帝，於是力勸殺盡國內姓李的人以絕後患。當時民間也流傳著「楊花落，李花開，桃李子，有天下」的民謠。煬帝的心中自此有了揮之不去的陰影。宇文述馬上抓住這一機會，向煬帝進讒言誣陷李渾手握禁兵，圖謀不軌，聲稱他作為李渾的親戚，常常察覺李渾與李敏、善衡等人有種種反常跡象。煬帝早已對安伽陀的話深信不疑，以為篡位者就應在李渾這一大家子身上，於是毫不猶豫就派宇文述去搜羅證據。

宇文述暗中教武賁郎將裴仁基上表告李渾謀反，又得到煬帝首肯，火速將李渾等人捉拿歸案。李渾等人本無異心，當然查不出什麼謀反的真憑實據，煬帝卻不肯就此甘休，命令宇文述一定要搞出理想的結果。

宇文述秉承煬帝旨意，將李敏的妻子宇文氏提出監獄，騙她說李敏、李渾等人必死無疑，她如果想保全自己，最好是捏造證據，告李家謀反，這樣一來她不但不會連坐受誅，同時身為皇帝的外甥女還可另嫁賢夫。宇文氏毫無主見，聽憑宇文述口授李渾與李敏如何如何策劃謀反的事實，她照著寫成表章，交宇文述轉呈煬帝。

宇文述拿著奏表馬上入奏煬帝說：「已經查到了李渾謀反的證據，還拿來了李敏妻子的告密表。」煬帝邊看邊聲淚俱下說：「我的宗社幾乎被推翻，全賴親家公（宇文述之子宇文士為南陽公主駙馬）才得以保全啊！」於是煬帝下詔誅殺李渾、李敏、善衡等宗族犯人，其餘不分老少，皆發配嶺外。數日後，宇文述為了滅口，又殺了李敏的妻子宇文氏。

潛規則解讀

流言蜚語，往往能傷人之命。在封建官場中，用流言、謠言扳倒對手的例子也為數不少，尤其是那些奸臣賊子在攻擊異己時總是喜歡冠之以謀逆之罪，說民間流傳什麼什麼之類，甚至還會煞有介事的編成童謠以讓人相信。而宇文述陷殺李渾用的就是以謠傳謠，無中生有的構陷之術，他借方士的荒謬之言，謠傳李渾有反意，又讓人密告李渾謀反，誘使李敏之妻做出謀反之證，拿到實證之後，自是勝券在握。何況古代封建君主對那些謀反之人向來就是寧肯殺錯一千不願放過一個，李渾在如此境地之下自然難逃覆亡。

欲加之罪，何患無辭——岳飛冤死風波亭

岳飛是英雄，這已是歷史定論。其冤死風波亭，讓天下英雄寒心，使正直之士憤然，皆呼千刀萬剮秦檜也難解心頭之恨。怪不得秦檜的後人來到岳飛墳前，都不禁寫道：人從宋後少名檜，我到墳前愧姓秦。話雖是這麼說，但仔細想，殺害岳飛的凶手就真的是秦檜嗎？

秦檜（西元一〇九〇至一一五五年），字會之，宋江寧（今江蘇南京）人，進士出身。北宋時曾任密州教授、監察御史和御史中丞。靖康元年（西元一一二六年），金兵陷京師，徽、欽二帝蒙塵，秦檜也被金兵押擄北去。但到金國後，徽、欽二帝及其他宗室大臣遭流放，秦檜卻被金太宗完顏晨賜給其弟——左監軍完顏昌。從此，他投靠了金人，成為完顏昌的親信。

完顏昌帶兵攻打南宋的北方重鎮正陽，帶秦檜一同前往，其意是放秦檜南歸。在完顏昌的安排下，秦檜與他的夫人王氏一起逃回南宋，他詐稱自己是殺了「金人監己者，棄舟而來」。宋高宗趙構一心要與金國講和，便提升秦檜為吏部尚書，轉年又屢遷他為參知政事、宰相，主持與金國和議事。

紹興九年（西元一一三九年），秦檜代表高宗與金國達成了喪權辱國的「紹興和議」。但第二年，和議即遭金國撕毀，金兵繼續南下攻宋。宋將岳飛、韓世忠等奉命出師，屢創金軍。岳飛相繼收復潁昌、蔡水、洛陽等地，又大破完顏宗弼（即兀術）的拐子馬軍，名震天下。由於他素來「以恢復為己任，不肯附和議」，堅決主戰，遂成為秦檜的眼中釘，亦是金人的心腹大患。兀術在給秦檜的信中提出：「汝朝夕以和請，而岳飛方為河北圖，必殺飛，始可和。」而秦檜也認為，如果岳飛不死，「終梗和議，己必及禍，故力謀殺之」。

紹興十一年（西元一一四一年），秦檜唆使高宗採用明升暗降守軍權的方法，任命岳飛為樞密副使，解除了他的兵權；不久又以張俊編造的岳飛在淮西戰役中逗留不前的謊言為依據，指使右諫議大夫萬俟卨上章彈劾，罷免了他的樞密副使。金兀術聽到南宋這一自毀長城的消息後，十分高興，當即做出一番重整軍馬，進攻南宋的樣子，威脅南宋割讓淮河以北的土地，並且要殺掉抗金堅決的將領。於是，為了置岳飛於死地，秦檜開始精心寫些罪名，他與張俊串通，在岳飛部將中物色到了一個善於心計奸詐的副統制王俊，幫助他炮製了一份「告首狀」，誣告岳飛最倚重的部將張憲要領兵到襄陽造反。王俊將「告首狀」交給原任都統制的王貴，轉送鎮江樞密行府的張俊。張俊判定王俊所述屬實，並「親行鞫煉」，逼張憲自誣，承認自己「欲劫諸軍為亂」，乃是由於岳飛之子岳雲唆使他這樣做的。張憲被刑求得體無完膚，抵死不認。秦檜就指使張俊偽造了張憲的口供，將張憲、岳雲一同押解到杭州大理獄中。

對於這件案情，宋高宗並未吃驚，只是表面上「驚駭」了一下，秦檜奏啟將岳飛捉拿問罪，與張憲、岳雲對質，高宗也無制止之意。這時岳飛對張憲、嶽雲被誣陷下獄之事全無所知。奉令到京後，秦檜密遣左右傳宣：「請相公略到朝廷，別聽聖旨。」岳飛聞聽宣詔，即跟隨來人前去，那人卻一直把他引到大理寺去。岳飛不勝愕異地問道：我為國家宣力半生，為什麼今天竟到了這裡！在後堂，他看到了張憲和岳雲——兩人都身披枷鎖，血跡斑斑，受盡折磨。

岳飛被捕入獄後，負責審問他的是曾經彈劾過岳飛的御史中丞何鑄。此人一見岳飛，便大聲質問岳飛為什麼要謀反。岳飛一聽如此罪名，頓時怒氣盈胸，也不急於辯解，只是當即撕裂上衣，露出背上的「精忠報國」四個大字。何鑄看罷，心中不禁震懾，在審查了與此案有關的全部檔後，更感到大都誣枉不實，便向秦檜報告。秦檜很不高興地說，皇上的意思是要這樣辦的。何鑄對秦檜雖有曲意順從之處，但此時他也決意不肯再推波助瀾，婉言答道：我並非要維護岳飛，只是現在大敵當前，無故誅殺大將，一定會大傷將士之心。一番話說得秦檜無言可答。

此後，岳飛再次受審，改由秦檜的心腹萬俟高主持。他把王俊、張俊等人捏造的「罪證」擺在桌上，向岳飛大聲喝斥道：「國家有何虧負於你，你們父子卻要夥同張憲共同謀反？」岳飛義憤填膺，指著萬俟高高叫道：「我對天盟誓，絕無負於國家。你們既主持國法，切不可陷害忠良。我若誣枉致死，到冥府也要與你們對質不休！」萬俟高接著問：「相公說無心造反，可還記得遊天竺寺時，在壁上留題說：『寒門何載富貴』，既然寫出這樣的話，豈不表明有非分之想嗎？」岳飛見他如此深文周納，不禁滿懷憤懣地長嘆：「吾現時才知道已落入國賊秦檜之手，使我為國忠心一切都休，一切都成了犯罪！」說罷便合上眼睛，任憑獄卒們拷打。

岳飛等人被審訊了兩個月之久，但秦檜始終得不到足以置岳飛於死地的罪狀，無奈之下，他便以尚書省的名義下了一道給萬俟高，稱岳飛「淮西之戰，一十五次被受御札，坐觀勝負」，應當以此作為岳飛的最大罪狀。然而此事既非王俊所舉發罪狀，也不是張憲在誣服時所涉及的罪狀，審問時又經岳飛逐一加以辯駁，據此定案終顯得十分牽強。

罪名敲定，將奏上高宗時，名將韓世忠為之憤憤不平，找到秦檜質問：岳飛的罪名究竟哪些是可靠的？秦檜也只能含糊其辭地回答說「其事體，莫須有？」韓世忠憤慨至極地說道：「相公，『莫須有』三字何以服天下乎？」

岳飛之案的罪證明顯不足，所以，參與審訊大理寺官員李若朴和何彥猷都認為造反的罪名難以成立，只應判處兩年徒刑。但是，萬俟高和羅汝揖則極力主張把岳飛父子和張憲三人一律處死。由於未能取得一致意見，案子便拖了下來。

當年臘月二十九日（西元一一四二年一月二十八日），第二天就是這年的歲除日了，岳飛、岳雲、張憲諸人的案子仍沒有最後結局，這使秦檜極為不快，當又不知該怎麼解決。就在這一天，秦檜獨居書室，嘴裡吃著柑子，手中玩著柑皮，心中想著如何害死岳飛的辦法，秦檜的老婆王氏見到丈夫這副若有所思的神態，早知他的心病所在，便提醒他說：捉虎容易放虎難！秦檜恍然大悟，隨手扯了一張紙條，寫下幾個字，差人緊急送往大理獄中。

萬俟高等人接到秦檜的手令後，最後提審岳飛，逼他在供狀上畫押。岳飛知道這是他生的最後時刻了，無限痛心地拿過筆來，在供狀上寫了八個大字：天日昭昭！天日昭昭！隨即，岳飛被毒死，岳雲、張憲也同時蒙難。

在岳飛被殺害的過程中，令人髮指的是，秦檜和萬俟高，竟連判決書都沒有，後來才採用倒填日期的辦法將判決書炮製出籠，借此對製造冤獄、濫殺忠臣的罪行稍作遮掩。這篇極長的判決書，全部由造謠誣衊的言辭和羅織、虛構的事件構成。

潛規則解讀

千百年來，人們一直都以為是秦檜害死了岳飛，其實仔細想想，害死岳飛的真正凶手應該是宋高宗。

造成宋高宗殺岳飛的原因主要有三：其一，岳飛提出的「迎還二聖」的口號為宋高宗帶來禍根。宋高宗是在父兄被擄走的情況下登基做的皇帝，天無二日，國無二主，徽、欽二宗回朝必然會對高宗的皇位構成一定的威脅，這是高宗所不能接受的。第二，擁兵自重，功高震主。為了抗金，岳飛一再的招軍擴軍，擁兵近二十萬之眾，這在整個宋王朝歷史上都是很少見的，而且岳飛本人在軍中也素有威望，大有軍中只知有岳帥而不知有朝廷之勢。因而引起了高宗的驚懼，也就是犯了功高震主的官場大忌。第三，反對議和，招致禍殃。

宋高宗個性軟弱、貪圖安逸，一心想與金國議和；岳飛則以恢復中原、直搗黃龍為己任，誓雪「靖康之恥」，而且取得了決定性的戰果，這必然對高宗的「議和」大計產生破壞性影響。故此，無論金人是否要求，高宗都不會放過岳飛。所以說，岳飛冤死風波亭這場悲劇的幕後導演是宋高宗，而秦檜只是他所操縱的一個幫凶而已。

第九章　遠美色——溫柔鄉多是英雄家

溫柔鄉是英雄塚——把重耳推向霸主之路的女人

溫柔鄉向來是英雄塚，開創「開元盛世」的唐明皇李隆基，在楊玉環傾國傾城的美色中，消磨了意志，也將自己一手開創的盛世帶向了覆亡；絕世梟雄劉備也差點被周瑜用美人計拴住了心神。春秋五霸之一晉文公重耳也曾有這樣的經歷，如果不是遇到的是深明大義的奇女子齊姜，也許他到死也不過是一個「流浪漢」。

春秋時期，晉國的君主晉獻公頗有才幹，可是卻生活奢靡，沉溺於酒色。特別是在晚年，他聽信寵姬讒言，逼死了正室夫人生的太子申生，又要殺害次子重耳和三子夷吾，迫使重耳、夷吾逃出晉國，晉國的內亂由此開始。

晉獻公於周襄王元年（西元前六五一年）死後，晉國出現無君的混亂狀態。秦穆公很想插手晉國內政，以圖稱霸中原，他又得了夷吾的重禮，所以就在重耳和夷吾之中，挑了才能較差的夷吾為晉君人選，派兵護送夷吾回晉國當了國君，這就是晉惠公。惠公一上臺，就殺了一批掌握晉國實權的大臣，弄得人心惶惶，眾叛親離。惠公對秦國，原來答應割五座城池作為酬謝，現在也翻臉不認帳。秦穆公見惠公如此不得人心，出軍討伐。結果，晉軍敗，惠公當了俘虜。經穆公夫人求情，晉國交割當初許諾秦國的五城後，又留下晉太子圉為人質，秦穆公這才放惠公回到了晉國。

而在同一時期，重耳卻過著另外一種生活。重耳從小喜歡結賢納士，十七歲時，身邊已有一批賢能之士，其中著名的有狐偃、介子推等。獻公即位時，重耳已經成年。太子申生被殺的第二年，獻公派寺人披到蒲城刺殺重耳。重耳越牆逃走時，寺人披緊追不捨，揮劍斬斷他的衣袖。重耳逃到他母親的國家狄國避難十二年，一批有才幹的大臣始終追隨著他。惠公被秦俘虜後，一直擔心重耳乘機占奪君位，所以，一被釋放返晉，就立刻再派寺人披到狄國去謀刺重耳。當時已五十五歲的重耳，聞訊急速帶著眾隨從離開狄國，又開始了長達十七年的流亡生活。

重耳一行人來到齊國，齊桓公熱情地招待他，桓公送給他們二十輛車，八十匹馬，不少房子，把這一行安排得很舒服，並把自己宗族的美女齊姜嫁給了重耳。在此之前，重耳流亡各國，吃了許多苦，遭遇過很多無禮的對待。來到齊國，開始過上安逸的生活後，重耳大有後來劉備入吳之勢，沉溺於齊姜的美色和各種物質上的享受，不思進取，回國復位的想法也被拋之腦後。

追隨重耳流亡的大臣們大多是晉國的貴族，他們不安於流亡生活，時時都想著回到晉國，恢復往日的地位。他們跟隨重耳，是因為他們看到重耳有志向、有抱負、有作為，希望和他一起做出一番大事業，也希望以此為他們自己獲得一個很好的前程。看到重耳沉迷於酒色之中，這些人都很焦急，於是，就躲在桑園裡商議怎樣使重耳離開齊國。

不料，隔牆有耳，狐堰等人的談話被齊姜府中的婢女聽見，將此事報告了齊姜。齊姜是個深明大義的女子，知道此事非同小可，怕走漏風聲，遂殺了婢女。當晚，齊姜屏退僕人，勸重耳早作出行打算。

齊姜說：「我聽說您的隨從們一天也沒有忘記回晉國，他們今天還聚在一起商議如何幫助你離開齊國呢！」

重耳大驚之下，馬上辯白說：「沒有那回事！妳是聽誰說的？」

齊姜說：「我聽採桑女說的，不過你不用擔心，她已經被我殺掉了。」

重耳還是予以否認，表明自己只想與齊姜在一起。齊姜又勸他說：「您在這兒貪圖享樂，是沒有出息的。男子漢大丈夫應該有遠大的志向，留戀溫柔鄉不是有出息的人所為。」

無論齊姜怎麼說，可重耳就是不願意走。

無奈之下，齊姜只好和重耳的隨從們商量，決定用計將重耳帶走。當天晚上，齊姜使盡溫柔手段把重耳灌醉，然後抬上車，送出齊國。等重耳醒來，已離開齊國很遠了。

潛規則解讀

英雄愛美人，這是無可厚非的，試問天下豪傑，誰不願意「抱得美人歸」，但是，因為美人而沉迷美色，消磨意志乃至放棄事業，葬送前程，那就是非常不明智的行為了。

色是掛骨鋼刀——漢成帝貪美色命喪趙飛燕姐妹之床

漢成帝劉驁是漢宣帝的孫子，他備受漢宣帝的寵愛。誰知漢成帝在位二十多年，只知尋花訪柳，荒淫無度，根本不理朝政，最終以荒淫無道留名史冊。

漢成帝荒淫奢侈，為擺脫朝儀束縛，他常常穿著平民百姓的衣服，帶著隨從，在市井民巷中尋樂。上有好者，下必甚焉，奸人張放等人就把漢成帝引進煙花柳巷，此後，漢成帝肆意尋歡，不問朝政。

就在這種情況下，漢成帝結識了歌女趙飛燕。趙飛燕成了漢成帝的心頭肉，趙飛燕還有一妹趙合德。趙合德肌膚瑩澤，也是個絕世美女。趙飛燕入宮後，趙合德尚在陽阿公主家中。當時後宮有一名女官，叫作樊婚，是趙飛燕的表姐妹，成帝對她也另眼相看，樊婚又獻殷勤，說趙飛燕的妹妹趙合德如何如何的美貌，成帝便讓人將她迎進宮來。從此，成帝在溫柔鄉裡忙得不亦樂乎。

趙家兩姐妹輪流侍奉成帝，成帝也就樂得把其他的後宮粉黛統統拋在腦後。正宮的許皇后此時受到冷落，很不甘心，和姐姐商量在後宮詛咒趙家姐妹。趙飛燕正想奪取后位，得了這個消息，立刻告發，竟把詛咒宮廷的罪名，安在許皇后身上，並牽連到其他的嬪妃。成帝已經十分生氣，再加上皇太后主張嚴辦，立刻將許皇后的姐姐問成死罪，並收回許皇后的印，打進昭臺冷宮。漢成帝的另一個妃子班婕妤比較聰明，移居到長信宮廝混度日，吟詩作賦，平安無事。

由於漢成帝的寵幸，趙飛燕姐妹有恃無恐，便肆無忌憚地橫行宮中。趙飛燕為保住尊寵的位子，拼命想早得「龍子」，好母憑子貴。無奈漢成帝劉驁久久不能使趙飛燕懷孕。於是，她祕密差遣心腹宦人在後宮侍郎、宮奴中打聽生育能力強的男人，把他們引入後宮密室，逼他們與自己淫合。為了行事方便，趙飛燕告訴漢成帝，要單獨祈禱求子，請求獨置一室。漢成帝當然允諾，在後宮偏僻之處劃出一座庭院，讓趙飛燕單獨搬進去住。趙飛燕有令，除了心腹侍婢，連漢成帝也不得入內。其實，趙飛燕暗中差人將長安城中一些輕薄少年穿上女人衣服，乘坐篷車於傍晚送人趙飛燕的獨室，至第二天早上再送出。就這樣鬼混了一段時間，趙飛燕最終也沒有懷孕。

漢成帝劉驁當然也很焦急，他自己年歲漸老，趙氏姐妹又不生育，而這姐妹倆又生性妒忌，絕不允許漢成帝接近其他女人，漢成帝對趙氏姐妹懼怕三分，於是只能暗召美女、偷納宮女，想抓緊時機趁自己還未衰老時，得到一個太子。

「皇天不負苦心人」，不久，宮裡有位叫曹宮的宮女生了一個兒子。漢成帝當然是喜出望外，趕緊派了六名婢女去服侍曹宮。但很快就被趙飛燕知道，她便派一名中黃門官帶領侍衛，把曹宮母子和六名婢女全部關進監獄。不久，她又當著漢成帝劉鶩的面處死了曹宮母子。這時，身為皇帝的劉鶩竟然連一句話也不敢說，眼看著自己的親生骨肉就這樣被扼殺在搖籃裡。這個可憐的小生命到世上僅僅十一天，另外六個無辜的婢女也被趙飛燕逼得自盡而死。

還有一個許美人，被漢成帝偷偷安排在上林湯沐館中，久而久之，許美人也身懷六甲，產下一子，成帝高高興興地派太醫、乳娘來照顧許美人。成帝這次總結了曹宮的教訓，怕趙氏姐妹再鬧事，就想把「暗事」變成「明事」，把事情挑明，求她開恩，以保全「龍子」。劉鶩以為趙氏姐妹起碼看在他皇帝的面上，會成全他。誰知趙氏姐妹大發雷霆，頓時撒潑大鬧，先是號啕大哭，搗胸撞牆，後又尋死覓活，鬧得皇宮內雞飛狗跳。成帝最終無法，只能聽憑趙氏姐妹擺布。結果，又一個小生命被扼殺。

「溫柔鄉」中無溫柔，劉鶩已身不由己，只有任趙飛燕姐妹擺布。西元前七年，一天夜裡，劉鶩剛剛躺倒在趙合德的床上，便感到眼前發黑，昏倒在床，不一會兒便一命嗚呼。

當時趙合德還不知道發生了什麼事，連呼幾聲都沒有答應，用手一按，成帝氣息全無，不由神色慌張，急命內侍宣召御醫。等到御醫前來，成帝早已氣絕身亡了。

太后和皇后趙飛燕匆忙趕來，大哭一場，讓丞相孔光和王莽料理後事。過了一夜，太后又下詔，令王莽、孔光調查皇帝起居和暴病的一切原因。王莽接到命令，決定查明此事。趙合德雖然沒有毒死成帝，暗想自己從前做了那麼多的虧心事，恐怕無法隱瞞，想了半天，覺得除了死以外，別無他法，乾脆自己喝下毒酒，一縷芳魂趕到鬼門關，找成帝去了。

成帝在位二十六年，改元七次，壽終四十五歲。趙飛燕後來當了皇太后，但王莽專政不久即將她貶斥，一貶再貶，最終貶為庶人。趙飛燕無奈自殺。

潛規則解讀

權力場上既有陷阱，又有種種誘惑。掌權者雖然不必學苦行僧修練坐懷不亂的工夫，但也應該權衡孰重孰輕。

美女眼淚的殺傷力——王允用連環計巧除董卓

好色、愛色，大概是人性的弱點之一，男人在這方面更是有特別的愛好。美人計之所以屢屢成功，即是投其所好，也是發揮「姿色武器」的優勢，攻其一些薄弱之處的必然結果。

東漢末年，宦官專權，朝政衰微，天下諸侯王公各據一方，不聽調度，眼見有天下大亂的趨勢。大將軍、外戚何進想除掉宦官，但又恐勢力不足，就聽了袁紹的話，要調各路諸侯入京，共除宦官。曹操和陳琳堅決反對，認為調外兵入京，恐怕會鬧出亂子，但何進不聽，還是派人去請西涼刺史董卓等人入京共除宦官。結果，何進被宦官殺死，董卓帶了十多萬大軍人京，獨霸了朝廷。董卓仗勢欺人，凌辱百官，無視皇帝，權威幾同天子，甚至大有取漢天子而代之之勢。曹操、袁紹、王允及朝廷百官不忿，欲起而共誅之，於是，司徒王允把自己的七星寶刀送給曹操，曹操借獻刀行刺，行刺不成，便逃回家鄉，傳檄四方諸侯，共討董卓。但因諸侯不能齊心合力，結果，董卓挾持漢獻帝，從洛陽遷都長安。

司徒王允為除掉董卓而日夕憂慮不安，董卓不僅權勢熏天，掌握軍政大權，更兼有一義子呂布，曉勇異常，有萬夫莫敵之勇，極難對付。一天，王允在深夜看見自己的養女貂蟬在牡丹旁邊對月長吁短嘆，以為她有了私情，十分生氣，就厲聲喝斥。沒想到貂蟬跪下來說：「小女見大人近來憂心國事，愁眉不展，只恨自己是一弱女子，不能為之分憂。」王允一聽，忽然計上心來，覺得漢室的命運，真是決於貂蟬一人之手了。

原來，呂布原是荊州刺史丁原的義子，在討伐董卓時，連斬數將，把董卓嚇跑。董卓見呂布勇不可當，便想收為己用。董卓的部下李肅深知呂布是一有勇無謀、見利動心的匹夫，就請求前去說呂布來降。李肅先送去珍寶以結其心，又送上極其著名的赤兔馬，以表明董卓看重呂布，再加上花言巧語，終於說服了呂布。呂布殺了丁原，提頭來見董卓，拜董卓為義父，從此一心替董卓賣命。

王允明白，要想除掉董卓，上策當是先除呂布，斬其羽翼而後方能除賊，若能令呂布反戈，助除董卓，那就是上中之上的最妙之計了。王允看到貂蟬，他深知此女不僅美貌出眾，還心思靈巧，若是她願意幫助離間董卓、呂布父子，那就大事成矣。於是，王允把貂蟬請入室內，納頭便拜，這是怕貂蟬不願答應，沒想到貂蟬為報王允的養育之恩，竟慨然應諾。王允就把董卓、呂布的好色忘義、有勇無謀等特點交代給貂蟬，要她照計行事。

王允先把呂布邀到家中，極力表示欽慕，並送上寶冠，在飲酒時，讓貂蟬出來勸酒。呂布一見貂蟬的美貌，驚得兩眼發呆。王允當即提出要把貂蟬許配給呂布，呂布極為高興，便興沖沖地回去準備成親。

王允接著又把董卓請到自己家宴飲，飲至正酣，王允又把貂蟬叫出獻舞。貂蟬的美麗使得滿室生輝，董卓不禁垂涎三尺。王允見火候已到，就主動提出要把貂蟬獻給董卓，董卓感激不已，當夜就用車把貂蟬載回了相府。

呂布知道後，立即抓住王允責問，王允說：「太師（董卓）知道我已將小女許配於你，他說今天正是良宵，便要帶回府去配給你，我哪裡敢不允許呢？」呂布聽了，也無話可說，回到家中，等了一夜，並不見送貂蟬來，第二天一早，再也按捺不住，就直奔相府而來。貂蟬正在窗下梳頭，遠遠地見了呂布，便忙將羅帕掩面，裝作哭泣的樣子。呂布心如刀割，怕驚醒了董卓，只好退出。過了幾天，呂布聽說董卓生病，便人相府探望，貂蟬從床後探出半個身子，望著呂布，用手指心，又指董卓，再轉過臉去，連連抹淚。呂布心中難受，失魂落魄地呆望貂蟬，這時，董卓醒來，以為呂布調戲貂蟬，就厲聲喝責。

過了幾天，呂布保護董卓上朝議事，群臣散後，獻帝獨留下董卓密談，呂布見有機可乘，便急忙跑到董卓的相府，想找貂蟬問個究竟。貂蟬見了呂布，輕聲告訴他到鳳儀亭邊說話。在鳳儀亭邊，貂蟬像見了親人般地哭泣傾訴，說自己本想嫁個英雄少年，沒想到董卓老匹夫起了歹心，據為己有。貂蟬邊哭邊訴，拖延時間，等待董卓到來。果然，董卓見呂布不在，急忙追來，見到呂布之時，貂蟬故意連拉帶扯，裝作要掙脫呂布跳水的樣子，董卓遠遠看見，便急追而去，提起呂布放在一旁的畫戟，奮力擲向呂布，被呂布用力一擋，掉在地上，然後呂布就跑了。

貂蟬見了董卓，連哭帶喊，說呂布強行調戲，自己正欲投水自盡，幸虧太師趕來相救，說罷還要拔劍自刎。董卓聽信了貂蟬的話，想殺呂布。董卓的女婿李儒認為不能為一女子而傷一員大將，董卓才未殺呂布，只是帶著貂蟬到他私人堡壘——郿塢享樂去了。從此，呂布與董卓離心。

在為董卓送行的時候，王允見到了呂布，便邀呂布到家中飲酒。呂布把鳳儀亭之事說了一遍，王允激呂布道：「辱我的女兒，奪將軍之妻，真是將軍的奇恥大辱！我已是老邁無能之輩，可將軍乃蓋世英雄，也受此辱？」呂布聽了，暴跳如雷，發誓要殺董卓。王允見他決心已定，便細加計議，與朝中許多人相聯絡，派董卓的心腹之人李肅前往郡塢，詐稱獻帝要禪讓帝位，誑騙董卓前來長安。董卓深信不疑，在上朝時，被王允埋伏的武士衝出刺傷，董卓急喊：「吾兒奉先快來！」呂布轉出車後，不僅不幫董卓，反倒一戟結束了董卓的性命。董卓一世奸雄，命最終喪於王允的離間之計。

潛規則解讀

司徒王允巧施連環計，使得頭腦簡單又好色的呂布，與橫征暴斂的董卓反目，除去董卓。此計成功，虧得絕代美人貂蟬。其實，王允初施此計時，曾有知情人不以為然，像曹操，袁紹等當世英雄，且奈何不得董卓，區區一女子焉能成事乎？然而美色有「刀光劍影」所不可比擬的戰鬥力和殺傷力，終於使呂布俯首效勞、董卓一命嗚呼。

匹夫無罪，懷璧其罪——石崇因財富和美色惹禍上身

石崇為人驕橫而不知「匹夫無罪，懷璧其罪」的道理，將美色和財富炫耀於人前，這樣的人怎麼可能長久呢？

石崇（西元二四九至三〇〇年），西晉文學家，字季倫。祖籍渤海南皮（今屬河北），生於青州。石崇的父親石苞是魏晉名臣，當過驃騎大將軍。石崇是六兄弟裡最小的一個，從小就聰明有謀略，石苞分家產的時候，獨獨不給他一文錢，他母親在一旁提醒，石苞說：「這個孩子，雖然現在還小，但長大了就不得了，不用擔心他。」這句話，可以看作是知子莫若父的千古範例。

果然，二十多歲的時候，石崇就當上了修武令，此後不斷榮升，官至城陽太守。後因伐吳有功，封安陽鄉侯、黃門郎，不久就被任命為荊州刺史。

西晉可以說是歷史上最腐敗的朝代，對石崇這個官場上喜歡亂搞又比較能胡搞的人，當然是如魚得水，有好幾次因為亂搞丟了官，但不久又總能把官職弄回來，並且往往還官升一級。石崇在荊州刺史任內，「劫遠使商客，致富不貲」，竟率親兵扮成

強盜，專門搶劫民間富商大戶，遂至金銀如山，珍寶無數，迅速成為富可敵國的大財主，光奴僕就有八百多人。從下那到洛陽布滿了他的莊園、田宅。從此，石崇過上了揮霍糜爛的生活，縱情聲色，結交權貴，是上流社會的中堅分子。這個大富豪的原始累積，可謂是充滿了「原罪」，「每一個毛孔都滴著血和骯髒的東西」。

人云「富不過石崇」。石崇到底有多富，據史書記載和傳說，晉武帝司馬炎的功臣何曾，一天的伙食費要花一萬錢，還嫌酒菜不好，沒法下箸。他的兒子何劭又超過了父親。另一個官僚任愷，比何劭更奢侈。而王濟、王愷、羊秀又超過了任愷。可他們都比不過石崇。

和現代社會一些胸無點墨只顧撈錢的暴發戶不同，石崇很注重生活品味，他家的廁所，按現代的說法，簡直是鑽石級的。有個叫劉宴的，有次在石家做客內急，當他進去時，只見裡面有絳紗大床，上面的席子絢爛無比，兩個美女正手持香囊侍立兩邊，劉宴嚇得舌頭都吐出來了，趕快對石崇說了句：「哎呀，誤入你臥室了。」石崇說：「這是我的廁所。」劉宴只好再度進入，這才明白那婢女是守廁婢，手持的香囊裡裝的是擦屁股用的軟木片——那時沒有衛生紙。劉宴哪見過這麼隆重的如廁場面，在那裡蹲了半天，就是無法出恭，最後只得提起褲子走了出來，不好意思

地對石崇說：「你這廁所太豪華了，我不適應，還是去別的廁所。」（見《晉書・劉宴傳》）

王愷與石崇鬥富的故事，就更是十分有名了。

王愷是晉武帝的舅父，巨富而驕奢，嫉恨石崇一擲千金的做派，一心想壓倒石崇，便發出挑戰。石崇欲以財富炫耀於世，於是滿口答應。

王愷同客人喝酒時，用美女一旁吹笛子，如果吹得稍失音韻，當席就把美女殺掉。石崇宴客時，用美女勸酒，如果所勸的客人不喝，或喝得不多，喝得不高興，也當席就把美女殺掉。一次丞相王導和他的叔兄大將軍王敦到石崇家赴宴。丞相王導是個忠厚人，但他不能喝酒，可他為了保全勸酒的美女的性命，不但一勸就喝，而且喝得很高興，一直喝到酩酊大醉，還在喝。而大將軍王敦卻不買帳，他原本倒是能喝酒，卻硬拗著偏不喝。結果石崇斬了三個美人，他仍是不喝。王導責備王敦，王敦說：「他自己殺他家裡的人，跟你有什麼關係！」由於王敦的鐵石心腸，石崇竟然連殺了三位美姬。像這樣的待客之道，古今中外，實屬罕見，真是駭人聽聞，由此也可知石崇是個什麼樣的人物。

王愷用糖水洌鍋，石崇就用蠟和絲絨燒鍋。王愷用名貴的中藥赤石脂塗牆，石崇就用花椒、香料製成泥漿塗牆。王愷出門在路兩旁用花絲綢做成布幛四十里，石崇就用錦緞做成布幛五十里。王愷坐的轎用十二個美女輪流抬，石崇就用二十四個美女輪流抬。

連敗給石崇幾個回合，王愷很生氣，便去找外甥晉武帝幫忙。這個可笑的皇帝，不僅不阻止這場荒唐的鬥富比賽，竟然答應幫忙，出手相助舅舅。武帝送給王愷一棵外國進貢的珍貴的珊瑚樹，「高二尺許，枝柯扶疏，世所罕比」。

王愷以為是天下至寶，於是就興致勃勃地跑到金谷園中向石崇誇示，誰料石崇卻嗤之以鼻，漫不經心地用鐵如意敲擊，結果三下兩下被打得粉碎。王愷大驚失色，繼而勃然大怒道：「擊碎吾寶，何嫉妒之甚也？」石崇卻心平氣和地說：「不必緊張，照原樣賠償你就是了！」於是命僕從把家中藏的珊瑚樹全部取出來羅列在桌子上，高三四尺的就有六百一十七株，二尺左右的就更多了。王愷看得目瞪口呆，隨便抱了一株，惘然若失地離開了。

王、石鬥富，以這場珊瑚樹比賽而告終，以王愷認輸而結束。

綠珠，是石崇的愛妾，也是歷史上有名的美女，她容貌奇美，姿態豔麗，善於吹竹笛。

晉武帝太康初年，石崇奉命出使交趾，也就是今日的越南，途經白州，夜宿雙角山下的盤龍洞畔，適值月明之夜，館舍沉寂，遙見檻外有湖，映月如鏡，遂漫步月下，忽聞笛聲悠揚，循聲尋去，見有數女在草地上翩翩起舞，笛聲婉轉，舞姿曼妙，遂暗暗記在心裡。這次出使，又是滿載而歸，石崇又特地趕到白州雙角山，以明珠十斛，聘得數女，其中能吹笛、能唱歌，又能舞蹈且豔麗出眾者就是綠珠。

石崇有姬妾不知凡幾，唯獨對綠珠如痴如醉，寧願為她付出一切。他在洛陽城西建了一座「金谷園」，園因山形水勢築臺鑿池。周圍幾十里內，樓榭亭閣，高下錯落，金谷水縈繞穿流其間，鳥鳴幽村，魚躍荷塘。酈道元《水經注》謂其「清泉茂樹，眾果竹柏，藥草蔽髢」。園內築百丈高的崇綺樓，可「極目南天」，以慰綠珠的思鄉之愁，裡面裝飾以珍珠、瑪瑙、琥珀、犀角、象牙，可謂窮奢極麗。還在崇綺樓種滿了雲南常見的桂花樹。石崇和當時的名士左思、潘岳等二十四人曾結成詩社，號稱「金谷二十四友」。凡遠行的人都在此餞飲送別，無疑這就是石崇的「紅樓」。

石崇有著用之不盡的財富，又有綠珠這樣的超級美女相伴，可謂是享盡福了。但正所謂「匹夫無罪，懷璧其罪」。在晉朝那個上下交相搜刮豪奪，社會動盪不安的時代，石崇的財富和綠珠的美麗，都成了強權惡豪窺伺的口標。在石崇躊躇志滿於仕途、紙醉金迷於生活時，悲劇也同時向他步步進逼而來。

西元二九〇年，晉武帝卒，皇后楊氏一門外戚奪權。次年，賈皇后殺楊駿，奪得政權。西元三〇〇年，趙王司馬倫殺賈皇后，翌年，取代了晉武帝的兒子，那個說「何不食肉糜」的皇帝晉惠帝，篡位為帝。石崇本人，屬賈氏一黨。司馬倫掌握大權後，石崇被罷官。

按說，這時的石崇應該有所警惕，為自己找些退路，可罷官後的他依然是過著紙醉金迷的生活，結果災禍很快就來了。

正所謂一人得道，雞犬升天，司馬倫當上皇帝之後，昔日的舊屬便都成了洛陽城中的新貴，到處占房、詐財、掠色、弄權，胡作非為，無法無天。有一個叫孫秀的，原來是潘安府上的小吏，其人鄙劣，不容於潘府，等到轉投入趙王府中之後，狼狽為奸，頗受寵信。司馬倫稱帝後，孫秀也水漲船高，官居中書令，倚仗司馬倫的勢力，為所欲為，作惡多端。聽說金谷園中有豔姬綠珠，能歌善舞，美慧無雙，於是派使者向石崇乞請割愛相贈。

石崇得知使者的來意後，就把他的侍妾、婢女等數十人招來讓使者看，使者發現個個都是美如天仙，身著錦羅綢緞，漂亮極了。石崇說：「這些人你任意挑吧！」使者答道：「君侯身邊的美人果然傾國傾城，但我的使命是要來帶綠珠回去覆命的，請問她可在其中啊？」石崇聞之勃然大怒道：「綠珠是我的最愛，你是不可能帶走的！」使者勸道：「君侯您也是博古通今、明察秋毫的人，希望您對此可要三思啊。」這其實是暗示石崇今非昔比，應審時度勢。可石崇以往皇親國戚都不放在眼裡，腦子裡根本轉不過這個彎來，堅持不給。

使者遂向孫秀回報，孫秀叫他再去索要。石崇是鐵了心不交人了。孫秀聞報大怒，遂力勸司馬倫誅滅石崇。石崇這時才察覺大事不好，就夥同黃門郎潘岳聯合其他幾位在位王爺準備反擊司馬倫。但不久就被孫秀察覺了，於是他就假傳聖旨，搜捕石崇等人。當時石崇還在金谷園某處亭樓上飲酒，搜捕他的官兵已到樓下。石崇對綠珠說：「綠珠啊，我今天可是為了妳才獲罪的呀！」綠珠哭泣道：「奴家今天死在官人的面前，不令賊人的陰謀得逞！」說罷就縱身跳下亭樓，石崇急忙去攔她，卻只扯下一塊裙角，綠珠墜樓而亡。

石崇在家被綁時還故作鎮定地說：「我最多被流放到交趾、廣州罷了。」以至囚車載著他往殺頭行刑的東市駛去時，他才哀嘆道：「這幫奴才們設計害我，還不是為了我的家財！」負責搜捕他的官員回答他道：「早知道家財會給你招災，你為何不早早散盡它們呢？」石崇語塞，這才悟出了為富不仁、財足害身的道理，無奈悔之晚矣，在歷史上空留個笑談與罵名。

潛規則解讀

石崇在大難臨頭之時，居然說出「我為妳獲罪」這樣的話，多少有些薄情寡義，這句話也直接逼死了綠竹這個有氣節的奇女子，迫得她墜樓以明志。事實上，石崇對綠珠的愛，就好比對籠養的金絲鳥的寵愛，是當不得真的。而綠珠為了報答他這算不上純真的愛，不惜以身殉情，實是一位令人敬嘆的奇女子！

英雄難過美人關——洪承疇降清的誘因

美人比任何武力都有威力。武力的攻伐帶來仇恨，遭到抵抗，而美色可以消磨敵人意志，侵蝕敵人體力，引起敵人內部矛盾。美人媚眼一丟，細腰一扭，或者柔懷一送，再強的敵人也注定要灰飛煙滅。西施送秋波，勾踐破吳國，誅了吳王；貂蟬掉美人淚，王允（使呂布）殺了奸雄董卓，保了漢室；孝莊獻柔情，清太宗降服了大明朝的支柱之臣——洪承疇。

後金天命十年（西元一六二五年），年僅十四歲的博爾濟吉特氏，從遙遠的蒙古科爾沁大草原來到盛京，嫁給了後金大汗努爾哈赤的四貝勒皇太極。她給皇太極生下一男三女，崇德元年（西元一六三六年），皇太極稱帝時被封為永福宮莊妃。清初的滿蒙聯姻，是一項既定國策，帶有濃厚的政治色彩。因此，莊妃在皇太極生前的十幾年時間裡，在後宮的地位並不顯赫。或許正因如此，才促使她積極努力，用自己的聰明才智，去改變自己的命運。

崇德七年（一六四二年）三月，皇太極親率清軍伐明。嵩山一戰，大敗明軍，生俘明軍主帥薊遼總督洪承疇。洪承疇是明朝很有影響的封疆大臣，收服此人對於收攬漢族知識分子之心、瓦解明朝統治意義重大。皇太極將洪承疇押到盛京，親自和手下大臣輪番勸降，但洪承疇「延頸承刀，始終不屈」，皇太極為此頗費躊躇，食不甘味。

莊妃見皇太極在後宮顏色不悅，便問道：「陛下何事不樂？」皇太極便告訴了她事情的原委，她聽後說道：「既不投降，就殺掉成全其名節好了。」皇太極說：「哪有這麼簡單！此人是中原有名才子，文武雙全，聯想得天下，非要此人不可。」說時，連聲嘆息。

莊妃聽此事如此重大，便低下頭來想：大凡男人一般不怕硬來，何妨用女人的溫柔手段，勸其來降呢？當下無言，轉身入內。皇太極急於坐朝議事，對莊妃也沒留意。

再說洪承疇自被俘以後，立志做明朝忠臣，不肯投降。范文程等清朝大臣，甚至皇太極親自出面勸說，皆未說動。但皇太極決意收服他，便格外加意看待，將他留在內院客館，並差數十個美女服侍。洪承疇抱定寧死不降的決心，雖有山珍海味，也粒米不沾。他見勸降的人太多，索性閉門不見，數日下來，身體已很虛弱。

這天夜晚，洪承疇閉口躺在床上，昏昏沉沉，似睡非睡，忽聽房門一動，進來一人，輕輕走近床邊。他懶得去管，仍微閉雙眼，一動不動。只覺進來之人慢慢坐在床邊，輕輕替他掩了掩錦被，便再無聲息，只是頓覺異香撲鼻。這樣過了很久，洪承疇心中奇怪，此人來此何意？便微微睜眼望去，只見是一個滿族裝扮的絕色女子，面如出水芙蓉，腰似迎風楊柳，一雙纖纖玉手，捧著一把玉壺，正用溫柔的雙眼微笑著注視自己。洪承疇暗想：房裡的那幾個侍女，皆不及此女豔麗動人。雖作此念，但也不去管她，閉上眼睛轉身向裡，又昏昏睡去。過了一會，女人又在為洪承疇掩被，動作更加輕柔。洪承疇連日來認準一個死字，精神自然十分緊張，突然出現一個女人的溫情體貼，難免心中一動，再也難以處之泰然，便回過頭來問道：「汝是何人？來此為何？」

只見那女子嫣然一笑，說道：「妾聞先生是中原才子，心中敬慕，特來侍候。」這洪承疇是戰敗被俘之人，連日心情煩惱痛苦，很想有人來安慰排解，便自然搭起話來。那女子先問了他被俘經過，又問了他家中親人情況，言語中充滿了關切和同情。這都是些牽動情腸的話題，不免勾起洪承疇內心的酸楚，不覺滴下淚來。那女子見洪承疇傷心，眼圈一紅，也陪著落下淚來，便勸慰道：「事已至此，先生且不可輕生，應從長遠計議才好。」說完，很自然地將懷中的玉壺遞到洪承疇嘴邊。洪承疇見女子雙眼充滿了懇求和關切的神情，便張口吃了幾口，嘗嘗味道，竟是上好的參湯。他起身來，對那女子十分感激，問道：「汝如此待我，究是何人？」那女子無奈，只好說道：「妾乃今上之皇妃，陛下命妾來服侍先生。」洪承疇聽了大吃一驚，翻身下床，跪倒在地。莊妃笑著將他扶上床，款款言道：「我家皇帝十分敬慕先生的才學，故遣妾來撫慰先生。皇上並無他意，請先生且勿多心。」邊說邊用眼觀察洪承疇的神色。洪承疇微微搖了搖頭，嘆了口氣，默然無語。莊妃見狀，接著說道：「其實，我家皇帝並不想奪明朝江山，所以每每投書議和，怎奈明帝剛愎自用，聽信信言，故而屢起戰端。今先生且暫居我朝，為雙方主持議和，兩下息爭，使兩國生靈免遭戰亂，豈不功德無量！先生可修密書一封，報告明帝，使其知先生『身在滿洲，心在本國』之意。眼下明朝內亂相尋，明帝既知先生為國調停，斷不致為難先生家屬。這樣一來，先生既報了國，又保了家，豈不兩全！」

莊妃一席話，於理雖不情願接受，於情卻真摯感人。洪承疇見皇太極如此看重自己，且更為莊妃情意所動，便一改不肯降清的決心，剃頭結辮，做了清朝的大學士。後來，果然忠心耿耿地幫助清朝統一了中國。

莊妃用自己的聰明和智慧，降服了洪承疇，解決了一個使滿朝君臣都束手無策的難題。這不僅提高了她在皇太極心口中的地位，就連諸王貝勒和文武大臣，從此對她也刮口相看。

潛規則解讀

在中國古代，儒家的正統教育對讀書人的影響是十分巨大的，「殺身以成仁」、「舍生而取義」，洪承疇可以不怕死，但他絕對怕喪失名節。正如歐陽脩在〈朋黨論〉中所說：「君子所守者道義，所行者忠信，所惜者名節。」因此他寧死不降。然而，面對美色，他也就顧不得比性命更重要的名節了，由此，可見美色之腐蝕性之強。

溫香玉軟換人心——袁世凱用「美人計」拉攏黨羽。

人們常說：英雄難過美人關。又說：自古英雄皆好色，若不好色非英雄。連英雄也被美人攻克，為美人傾倒，可見美色有何等的威力，又是何等惹人喜愛。於是，利用美色對付政敵，拉攏黨羽，謀取利益，便成了官場上常用的手法。奸雄袁世凱就堪稱這方面的高手，為了籠絡阮忠樞。他暗送美女小玉給他。使他感激涕零。死心塌地地追隨自己、

阮忠樞，曾中過舉人。甲午戰爭後，袁世凱奉命去天津小站練兵，阮就在他的手下做文案，是「新建陸軍」出了名的才子。

對於這個大才子，袁世凱非常賞識，總想讓他為自己賣命。可是，在此之前，阮忠樞已經在李鴻章的幕府裡任過職，算是小有成就，所以一般的提拔、重用並不能使他感恩戴德。不過，袁世凱這個人心很細，他稍一留心，就發現此公有一個最大的弱點——喜歡獵取女色，於是便計上心來。

阮忠樞風流凋鏡，早就是天津青樓裡的常客。有一次，阮忠樞告訴袁世凱：「我在天津一家妓院裡看上了一名叫小玉的女子，想為她贖身，納她為妾。」誰知，袁世凱聽後非常生氣，警告他：「這種事違反了軍紀，你也不嫌丟臉？」說完，袁世凱還將他狠狠地斥責了一通。官大一級壓死人！無奈，阮忠樞也只有在背地裡痛罵這廝

不通人情。

半個月後，袁世凱卻給了阮忠樞一個大大的驚喜。這一日，袁世凱以出公差為名，讓阮忠樞陪他去天津。在天津下車後，天色已晚，袁世凱說：「快到傍晚了，我們不如先到一位朋友那裡歇歇腳吧！」

不一會兒，阮忠樞跟著袁世凱走進一個小院。只見院子裡大紅燈籠高高掛，房裡喜氣洋洋，堂上也是紅燭高燒，還擺了一桌酒席。這時，阮忠樞只道是朋友家辦喜事，也沒有多想。

等他們登堂入室，就見一個丫頭高喊：「新姑爺到！」說著，從裡間攙扶出一個新娘裝束的俏麗美人，一名僕人將一條紅綢帶往阮忠樞的身上一套，然後說道：「請新姑爺行禮！」

這時，袁世凱站在一旁哈哈大笑，連聲說道：「妥了妥了！」那阮忠樞卻如墜入霧裡雲中，連忙掙扎：「不要弄錯了！」誰知新娘在紅頭巾下咯咯嬌笑，阮忠樞覺得有點耳熟，急忙把頭巾掀開，見這一位大美人，正是自己朝思暮想的小玉，真是很詫異：「小玉，妳怎麼會在這裡？」小玉靦腆地一笑：「你真是太老實了，還不趕快謝過恩公。」

原來，袁世凱雖然在表面上駁回了阮忠樞的請求，暗地裡卻悄悄派人用重金將小玉贖了出來，並安排好一切，才將阮帶到洞房。這下，阮忠樞心中的感激和興奮之情自然是無法言表了，還沒拜天地，就先向袁世凱倒身下拜，袁世凱連忙拱手笑道：「恭喜老弟！賀喜老弟！你們是有情人終成眷屬！從今以後，這座房子就是老弟的藏嬌之所了。」

從此，阮忠樞對袁世凱自然是忠心不二，後來竟不顧世人的唾罵，與楊度等人一起擁戴袁世凱復辟帝制、登上「洪憲皇帝」的寶座。

潛規則解讀

愛美之心，人皆有之，袁世凱利用阮忠樞喜好女色的弱點，將美女小玉送給他，使他對自己感激莫名，這足見袁世凱雖臭名昭著，但在用人方面，的確是有一套，很善於籠絡部下。

溫香玉軟換人心—袁世凱用「美人計」拉攏黨羽。

電子書購買

國家圖書館出版品預行編目資料

姧詐世代：古人的權謀鬥爭，現代職場的縮影 / 殷仲桓，趙建編著 . -- 第一版 . -- 臺北市：崧燁文化事業有限公司，2022.01

面；　公分

POD 版

ISBN 978-986-516-962-6(平裝)

1. 中國史 2. 通俗史話

610.9　　110019745

姧詐世代：古人的權謀鬥爭，現代職場的縮影

臉書

編　　著：殷仲桓，趙建

發 行 人：黃振庭

出 版 者：崧燁文化事業有限公司

發 行 者：崧燁文化事業有限公司

E-mail：sonbookservice@gmail.com

粉 絲 頁：https://www.facebook.com/sonbookss/

網　　址：https://sonbook.net/

地　　址：台北市中正區重慶南路一段六十一號八樓 815 室

Rm. 815, 8F., No.61, Sec. 1, Chongqing S. Rd., Zhongzheng Dist., Taipei City 100, Taiwan

電　　話：(02)2370-3310　　**傳　　真**：(02) 2388-1990

印　　刷：京峯彩色印刷有限公司（京峰數位）

定　　價：375 元

發行日期：2022 年 01 月第一版

◎本書以 POD 印製